文官說法

臺灣地方制度講古

劉文仕 著

推薦序

國策顧問 李伸一

「文采風流舞翰墨，仕途瀟灑上青雲」。這是一九九七年立法院國畫班集體創作、書法名家李仰秀先生揮毫，送給作者的長卷對聯，二十年來隨著職務異動，就一直懸掛在他的辦公室。

這對聯不僅充分反映了作者的書生特質，一方面也道盡了他順遂的仕途。二十八歲高考及格，始逾不惑之年，就一路從地方政府的委任課員、立法院議事組科員、法制委員會科長、臺北縣政府法制室主任，陞至內政部民政司簡任十二職等的司長。就如《新新聞周刊》等許多媒體說的，他的官運真的好得令人羨慕。

但是，如果認識作者為人處世的誠懇真摰、研究事理的深入專致與應對疑難的靈活多智，對他屢屢受到長官的慧眼拔擢，其實一點也不意外。

認識作者是在一九八五年七月間，但聽過「劉文仕」的名字與事跡，應該是更早一年。作者的夫人郭豫珍（現臺灣高等法院法官），一九八四年大學剛畢業到我律師事務所擔任助理，人長得美麗，氣質極佳又有智慧，許多當事人、富二代都要我幫忙介紹、牽線，她完全不為所動；作者時在金門服役，戒嚴時期，離島電話不通，只能兩地相思，以郭豫珍的條件，竟然沒發生「兵變」。這中間，很重要的關鍵，就是作者的用心與專致，幾乎每天一封情書，長達一年八個月，超過五百封的情書，把女朋友的心牢牢圈住。

提這往事，只是在表彰作者的個性：做什麼像什麼，而且都非常專心投入。

當年我發起創辦消費者文教基金會，一九八七年間籌擬民間版《消費者保護法》草案，還是立法院議事組科員的作者就是十二人小組的成員之一，出道不久的他，已展現非常高超的法制功力。我的臺南同鄉、前立法委員洪玉欽當時就曾斷言，劉文仕未來一定會擔任行政院法規會主任委員。洪委員沒看走眼，作者果然在二〇一四年調陞這個簡任十四職等的法制界龍頭；一路「追蹤」「考核」作者發展的洪委員的特助吳百湖先生，還特別提了這段陳年往事。

前《台灣日報》記者戴光育曾這樣描述：「從劉文仕的身上，讓人明顯感受到公務人員罕見的專業自信、熱誠。這份自信是來自於他對法治的瞭解、堅持；而他的熱誠，是他那份關懷弱勢權益的心，不斷驅使他使然。」學法、從事法律工作的劉文仕，不像一般法律人性格硬梆梆的，思考方向非常寬廣、彈性，又勤習書畫，常一襲唐裝，擁有古代秀才般的溫文儒雅，《聯合報》記者林全洲、前《民眾日報》記者趙容萱等就給他一個「劉秀才」的封號。話雖如此，作者對任何事都全副精神投入，絕不打馬虎眼。尤其，如前《中時晚報》記者饒磐安說的：「對政府決策，他點子不少，而且總是主動從法律觀點為政策定位，深得首長倚賴。」

前臺北縣縣長蘇貞昌曾多次這樣說：「劉文仕很不簡單，能把冷衙門，炒成熱機關。」一點都不誇張，就如《新新聞周刊》所報導，他在臺北縣政府法制室主任的兩年期間，幾乎每天都有新聞上報，而且難得的是，幾乎都是正面報導。到了中央，在地方制度、中央與地方關係、殯葬改革、政治體制……各個所屬業務，也是新聞不斷。與其本質業務無直接關係的，例如消費券發放、性交易管理新制的建立，更是多次佔據媒體主要版面；尤其，大法官釋字六八九號憲法法庭有關「狗仔跟追條款」的精采辯論，連前總統馬英九都忍不住對劉文仕比出大拇指，誇說「表現非常傑出」。

有時我也很感興趣，在這麼廣泛的觸角下，劉主委到底扮演什麼角色？為什麼各級長官只要遇到什麼疑難雜症，就會把任務交給他？當兩岸猿聲啼不住，劉主委卻都能「輕輕鬆鬆」渡過萬重山，圓滿達成任務，究竟是怎麼辦到的？

當劉主委請我為本書作序，有機會先睹為快，這才領略到，表面上看起來輕輕鬆鬆，其實過程是驚濤駭浪。不過，令人佩服的是，不管事情再怎麼棘手，到他手上，還是能夠羽扇綸巾、談笑用兵。有時會覺得劉主委就像霹靂布袋戲的素還真一樣，「半神半聖亦半仙，全儒全道是全賢；腦中真書藏萬卷，掌握文武半邊天。」

我很高興，也很榮幸，能推薦這本書。我覺得這本書可以當成地方制度理論的生動闡述，也可以作為公務體系活生生的教材。尤其，作者以其親身經歷描繪與高層官員間互動的趣聞軼事，生動有趣、絲絲入扣，讀者可以如同身歷其境般飽嚐窺探「八卦」的快感，更可藉此認識政府決策與執行的流程，領略事務官的存在價值。

社會法學家龐德曾指出：「休戚相關、相互合作是法律中一種偉大的價值，而在立法機關的智者中，最令人尊敬的品德，就是互惠。」二十年前，劉主委出版了一本有關「地方立法權」的專書，為其寫序之初，我細細品察劉文仕推動地方法制改革，就有這樣的體會，他始終都堅持如此的信念，無疑地，這是他的理念能被廣為接受的主要原因之一。看完這本傳記式的「奇書」，我更確定，「彼此尊重的互惠」、「建設性的妥協」、「退步原來是向前」，是他之所以能完成任務的關鍵密碼。

這樣的智慧，放在「贏者全拿」的政治生態與心態，也許過度奢求、迂腐，但做為一介事務官，在行政中立的前提下，他仍能秉持這樣的處事精義，輔助政策的周延型塑與落實。他能先後榮膺立法院、內政部模範公務人員、獲頒臺北縣政府「制度興革傑出貢獻獎」，又多次得到公務界非常不易的「一次記兩大功」，憑什麼？這本書也許就提供了部分的答案。

二〇一七年九月一日

目錄

楔子：就是一股天真的傻勁

公餘之暇陸續出版了六本書，都離不開「法」與「制度」，從來沒想到「會」寫出本書這樣的題材，更確切地說，從來沒想到「能」寫出這種內容的書。也許就因個性使然吧，對人、對事始終抱持著一股天真的傻勁。因為天真，什麼事情都抱著單純、輕鬆的心理；因為傻勁，想到就做，總認為沒有完成不了的想法。

一篇撩撥千尺浪

「心潮起伏，思緒萬千，分別數十年杳無音信，……憶當年往事如昨，歷歷在目。如今，遙隔天涯，不由一陣心酸！自你走後，兩位老人家思念之情，不堪言狀，經常夢中驚醒，母親為想念你哭乾了眼淚。也不能瞞你，父親兩年前癌症去世，享年八十二歲，他臨終時還哀嘆著說：『這一生是見不成你了』，思念起來無不令人悲慟！……漫長的數十年，人事滄桑，變化很大，親鄰想念你，諒必你也更想念家鄉及親人。就近族、近親來說，咱父親弟兄三個全都去世，舅家幾位舅父也都不在了。再說起咱姑家，就叫人更難受，姑母病故，剩下姑父和拾來的一個傻小孩相依為命，不幸，今年他這個傻小孩也害疾病死亡，就剩姑丈無依無靠，景況堪憐！人生朝露，算來咱們親族裡，唯獨母親高壽，今年已八十四歲，身體尚健。畢竟年事已高，再加心心在念於你，精神日漸頹廢，能耐幾許春秋？實在令人最感憂心……。」

（郭國楹先生一九八五年來自河南省西平縣權寨的家書）

一九八五年六月十八日從金門第二士官學校退伍，適立法院從同年七月一日起，開始編列預算補助每位立委得聘公費助理一人（一萬五千元），即應僑選立委謝學賢之聘，擔任其特別助理，七月一日向立法院人事室取得天字第一號公費助理證[1]。

當時，立法委員尚未配置專屬研究室[2]，問政較用心的委員，如吳延環、冷彭、張子揚、何適、汪漁洋、康寧祥、江鵬堅……等，就在圖書館（現康園餐廳二樓）各據一隅專用；我因經常往圖書館借書、研究，與圖書

1 屬於國會首批公費助理的，所認識的還有黃主文委員的助理汪臨臨及余陳月瑛委員的助理張耿銘（應該是最早「偷跑」取得北京大學學位的一位）。

2 一九八六年七月起才開始配置每位委員一張辦公桌，謝委員分配在現紅樓二樓靠近院長室邊間，與饒穎奇委員等四位委員同辦公室（第七研究室）；饒委員因兼國民黨職，另有鎮江街的個人辦公室，很少到這裡，謝委員就向饒委員情商，需要時借給我臨時使用。

館管理人員任莉小姐熟識了，也得「通融」地以助理身分常駐圖書館的一張桌子。

哥倫比亞大學物理學博士、美式作風的謝學賢委員並不要求朝九晚五天天上班，只約定每星期二、五院會當天見面，提出當日議程所列討論事項的研議成果、發言要旨及專案質詢書面。休會期間，謝委員須回美國僑居地，我就放長假自由進行政策研究。開議前約半個月才再聚會，商討整會期的問政總方向及策略。

緣於一九八五年九月間，準岳丈郭國楹[3]在「三通」禁令下，輾轉從美國親人與亞東關係協會朱定裕先生處，取得由老家河南省西平縣權寨兄長郭國勝寄交的家書，書中親情呼喚，字字血淚，聞之不勝鼻酸。想當初隨政府來臺的英姿少年，都已是髮鬢蒼白的老人，就木有時，卻歸路無期，聞其徹夜難寐、飲泣終宵，能不心酸？既有機會與聞國政，為私盡孝道，特將準岳丈往返家書拿給謝委員看，並建議接下來幾會期主攻開放老兵返鄉探親議題，未譒心犀相通，獲謝委員認同。當時，戒嚴尚未見鬆動，但我們已先嗅到時代演進的氣息，隨即著手擬定策略計畫，先於第一屆第七十六會期就大陸政策議題進行總質詢，點亮初光。

3 一九八五年退伍後就訂婚，一九九〇年才結婚。

十月十三日，僑務委員會副委員長朱集禧公開表示：「海外僑胞返大陸省親，如不涉政治目的，政府即不加干預，也不影響其返臺。」抓到這千載難逢的機會，立刻以政府應公平對待在臺老兵為題，於同月二十九日提出專案質詢。因屬首度衝撞威權時期敏感的兩岸政策，媒體廣為報導，引起極大迴響，老兵們紛紛來信或親自拜訪，吐露壓抑數十年的懷鄉之情。翌（一九八六）年四月二十三日，就再用準岳丈的家書語句做基底，撰寫文稿，為「請政府順應民情，通盤檢討大陸政策，准許與大陸親人通訊，適度開放返鄉探親、掃墓」，二度向行政院提出質詢。

一九八六年五月三日，被稱為「一九四九年後兩岸直航第一人」的華航機長王錫爵，劫持三三四號班機飛往廣州白雲機場。王錫爵一九二九年出生於四川，曾當選國軍戰鬥立功英雄的他，在白雲機場對外表示「動機純粹是很想念大陸的親人」。就再於五月十三日質詢，要求政府通盤檢討現行有關政策。

十月二十四日，中共解放軍飛行員鄭蔡田駕駛八二〇五三號殲－6戰鬥機自山東萊山機場起飛，降落韓國清州空軍基地，我政府籲請韓國要以「人道主義」處理。當時我已法制高考及格，準備於十一月十五日參加為期一個月的基礎訓練，離職前最後一次為謝委員撰寫質詢稿，乃借力使力，綜整年來政府相關回應與各方建議，火力全開地於十二日提出「臺灣即將解除戒嚴，基於人道主義與我國固有仁孝精神，政府應立即全盤檢討有關措施，適度開放國人至大陸省親、掃墓或與大陸親人通訊」的專案質詢，並具體建議「主動請國際紅十字會協助辦理，由政府提供技術上與經費上的必要支援」。

時值兩岸對峙、劍拔弩張，謝委員一再甘冒大不諱，挑戰禁忌，於所有政治人物中最早提出開放老兵返鄉的政策呼籲，數度向行政院提出專案質詢，迴響之大超乎預期，也帶動其他政治人物積極投入[4]，點燃了風起雲湧的老兵返鄉運動，促成一九八七年三月「外省人返鄉探親促進會」的成立。

一九八七年九月十六日，蔣經國總統正式指示行政院應順應民情、結合民意，以人道立場研究此一問題。十月十五日，行政院院會終於「開天闢地」決議通過：開放大陸探親。並於十一月二日開始向紅十字會提出申請。準岳丈即於翌年春暖花開，搭上了返鄉班車，回河南老家省親、掃墓。

皇親國戚又怎樣

十二月間法制高考基礎訓練一結束，懷著無限憧憬，前往心目中的民主

4 一九八六年十二月第二度當選增額立委的無黨籍黃煌雄，可以說是其中最積極的一位。

聖地——宜蘭縣政府報到。時年二十八，如旭日東昇般，青少狂狷，對未來一無所知，所謂初生之犢不怕虎，因為不知道自己不懂什麼，比較敢肆無忌憚地向前闖。秉持一個信念：只要敢闖，人生的路是無限寬廣。

公務生涯中，絕大部分的時間都在法制單位。法制單位與業務單位，最大的不同是什麼？業務單位強調目的性，要求把事情做「成」；法制單位講究合法性，要求把事情做「對」。依法行政是公務員的基本信條，法制人員的重要任務之一，就是要找出這一道基本信條，隨時提醒業務單位及首長，避免踰越法治的紅線。

在政府部門的第一份職位，是縣政府祕書室法制股的委任第五職等課員。一九八六年的宜蘭還是個典型的農業縣，至於冬山河的開發、國際童玩藝術節的推廣，蘭陽平原發展成觀光熱點、豪華農舍逐步蠶食莊稼沃土，是一九九〇年以後的事。

農鄉民風純樸，事務的處理很少用到複雜的法律概念，法制單位編制只聊備一格，就一位股長及兩位課員。即便如此，在講究「人情義理」的環境，我仍然言必稱律，筆不離法。我天真地堅信「繩直而不撓曲，法正必不阿貴」，尤其，報到第一天縣長約見時，就特別告誡一定要不問關係、不講情面，確保縣府依法行政。當時的縣長陳定南，人稱「青天」，我又豈能因自己的疏虞、寬縱，使青天蒙塵。

第一次打法條筆仗，是一件有關組設醫療合作社的人民申請案，從各相關規定研判，並無特別限制組設的理由，就寫下「依法應無不合」的結論。公文被退回來，縣長在公文上批了斗大的兩個字：「再議」。

幾經與股長及前輩潘清水審視、研究後，仍持原來的意見上陳。又被退件，公文上多了幾個字：「與府內熟諳法令的高階人員再議」。據側面瞭解，縣長對申請人的「動機」有意見，熟悉內情的縣長室機要大姊就更直白的「提點」，不是法的問題，是縣長對申請人有意見。

但要不要許可，是政策考量的問題，要由業務單位去決定。做為法制單位，只能闡述法的規定及其意旨是什麼。白就是白，黑就是黑，不能魚目混珠，更不能個案曲解。否則朝秦暮楚，法失定則，會讓通案作為進退失據。

經與縣府內對法制較理解、對人事也較圓熟的白祕書等共同研議後，大家仍然都認同我的見解，也就不管縣長的意志、好惡，再簽上去。

另有件工務局會簽的公文，承辦課長親自跑公文，一來就「暗示」：申請人是「頭仔」的親戚，「上面」要求快點處理。

當下猶豫了片刻，這樣講是什麼意思？是要通融放水？還是希望法制單位嚴格把關？這是業務單位常用的技倆，明知有問題，卻又不肯自己扛壓力，就想借刀殺人，用法制單位的手擋下。但無論如何，對我來說就只識法而不認人，仍然無視前輩「關切懇求的眼神」，在公文寫下了「依法應屬無據」幾個字。

這兩個申請案後來命運如何？不得而知。因為，沒好久我就從偏遠的地方政府，在立法院議事組主任胡濤的知遇下，商調立法院議事組（現議事處的前身）。

毛惟無心成利刃

有人說，天真是一種真實面對自己、毫無成見的感情態度，沒有做作和虛偽，最寬闊誠懇也最動人。但有時想法太單純，觀點太片面，難免換來一身的傷痕，特別是如其中牽涉到複雜的人事問題。

我之所以能到立法院服務，開拓公務生涯的豐富之旅，完全要感恩當時在司法官訓練所法制班兼任講師的胡濤先生的賞識、提攜。胡主任可謂是當代議事學的一把手，在資深國會時代備受各派系立委尊重，深得院長倪文亞倚賴。但能詩善文的文人直率性格，就如唐．杜甫〈寄李白〉詩所謂「劇談憐野逸，嗜酒見天真」。有次在民間的「民權學會」演講，信口說道，「院長不懂議事規則，不太會主持會議。」

這本是無心之言，孰料有次在院內法制委員會開會時，資深立委李公權竟在會議上，連人帶姓轉述了胡主任的這段話。說了就說了，這也跟會議主題無關，沒必要做成紀錄。偏偏當時立法院的紀錄人員都是僱用臺大、政大法政學系的臨時工讀生充任，年輕人分不清輕重，習慣性「看到王八就畫王八，聽到烏龜就記烏龜」，當下就在公報初稿上如實記載：「李委員公權：胡濤主任說院長不懂議事規則，不太會主持會議。」一枝天真的筆頓時變成了插在胡主任咽喉的利刃。

九〇年代之前，立法院議事單純，各委員會開會次數不多，時間也不長。當日所有會議紀錄都要先呈送院長批示後，才彙整成「新聞稿」送印，修飾後再編為公報。院長一般也只是行禮如儀批個「閱」字，很少注意到內容。怎知院長心血來潮，當天看得特別仔細，就瞄到了李公權委員的發言。

倪院長終究是美國哥倫比亞大學教育學碩士，溫文儒雅，謙沖自牧，並沒有發脾氣。只把胡主任找過來，很有修養地說：「我對議事規則的理解確實不夠，所以很需要你的協助；無論如何，只要我當院長一天，就麻煩你當議事組主任一天，隨時在旁指導我。」

胡主任還不曉得這樣的態度是啥意思，褒不像褒，貶又不像貶。本來對胡主任來說也沒啥好或壞，壞就壞在倪文亞從一九七二年連任到一九八八年，當了十六年的院長。這當中副祕書長（十四職等）、祕書處長（十三職等）幾度出缺，院長始終堅持自己的「承諾」，即使有吳延環、張子揚等國會派系大老的鼎力舉薦，胡濤十二職等的主任一直不動如山，倪院長就是不給升遷。

眼看著後輩一個一個爬到自己上頭，心裡難免鬱卒。有天倪院長在重慶南路官邸附近的「自由之家」[5]宴請司法院院長林洋港，議事組同仁也應邀作陪，酒過三巡，胡主任突然欠身起座唱起京劇「龍遊淺水遭蝦戲，虎落平陽被犬欺」的橋段，只有明人才聽得出來是借酒抒發胸臆。

迄至一九八九年立法院通過《第一屆資深中央民意代表自願退職條例》，結束所謂的「萬年國會」，倪院長引退；同年二月一日劉闊才繼任院長，一上任就拔擢委屈多年已屆六十四歲的胡主任為副祕書長；一九九〇年梁肅戎接任院長後，又特任將屆齡退休的胡濤為祕書長，一代議學奇葩終得於一

5「自由之家」興建於一九〇二年，為臺灣日治時期臺灣銀行董事長的宅邸（日本人稱為頭取宅邸），為日本高級官舍。一九一一年，臺銀第二任頭取柳生一義將該宅邸轉做臺銀俱樂部，供員工休憩之用，一樓設宴會廳。

九九一年十二月三十一日以國會最高幕僚長榮譽引退，幾年後移居美國[6]。同屬天真，其實我要述說的是自己，不經意地卻提到了胡濤主任一生不為人知的過往。我的故事，與此略有關係，只是沒這麼曲折動人。

當年各機關每個月都會舉行類似軍中「榮團會」的員工大會，一九八七年十二月份立法院員工大會上，祕書處長臨時提出一個報告事項，宣稱：為配合政策，下個月自動扣繳全體員工一日所得。

究竟配合什麼政策？就是十月間政府開放老兵返鄉探親，為支助許多孑然一身的老兵能順利成行，各界紛紛發起捐款運動。國民黨籍立法委員提案發起每位委員捐出一日所得，祕書處竟也主動配合要扣職員工薪資做捐款。

本來這是人道主義的表現，準岳父就是隨國軍來臺的老兵，而返鄉探親更是我無心插柳、高度期待的一項政策，理應無條件額手支持。但「爾愛其羊，我愛其禮」，公務員對於職務上發給的款項，明知應發給而抑留不發或剋扣者，依刑法第一百二十九條規定，是有刑事責任的，憑什麼祕書處能夠擅自決定要全院職員工捐款？尤其，因一九八七年十二月正逢臺灣第一次真正政黨競爭的地方選舉，這中間也夾雜著「選票考量」的成分[7]，公務員應維持中立，這個時間點上，不應涉入「政治動員」、「政策支持」的爭議。

6 到了美國，有回打電話給我說，一輩子都搭立法院的交通車上下班，臨退又有公務車。現在七十歲了才開始學開車，好不容易拿到駕照。

7 外省人返鄉探親促進會對外宣稱：「不讓返鄉，不給選票」。

雖然只是一介委任科員，當著祕書長、副祕書長及所有長官的面，我仍大膽舉手發言表示：這涉及員工的權益，不應率爾以報告事項處理。無人提案、未經員工同意，祕書處無權擅自決定扣繳員工薪水。如果要這麼做，建議先經議事程序提案、討論、表決。

我的想法很單純，就是告訴祕書處處長應依程序，任何剝奪人民權利的作為，都應合法。但我沒有考慮到的是，剛升任的祕書處處長與胡主任，兩人之間存有微妙的瑜亮競爭關係，我的發言就被解讀為是「替主子」（即胡主任）出氣，故意在祕書長面前，讓祕書處長難堪；甚至被貼上「暗助反對人士」的標籤。這既非所願，更是難以承受這樣的指控，但就如弦子的一首歌所述，「我的天真，碎成遍地的忐忑。」

直到胡主任幾天後把我叫到辦公室「訓誨」一番，才告釋懷。胡主任肯定，年輕人正直敢言沒什麼不對，只是要謹言慎行，避免造成長官的困擾；尤其在黨國尚未分離、政黨政治還沒上軌道的時候，要拿捏好政治敏感性。

這個教訓，確實讓自己成長不少，任何正式場合的發言，都要三思而後行。

山岳不移水自適

在會簽公文上寫下「依法無據」、「依法不行」這幾個字，對法制工作者而言，是最簡易而不須特別用大腦的動作。這短短幾個字，有時雖如春秋巨椽，產生振聾發聵的力量；有時卻可能造成機關推動施政的妨礙。甚至可能因為對行政環境缺乏周延考量、對法令未能全盤掌握，一味執著自己不加潤飾的筆尖，造成同仁訟累久纏、囹圄加身；檢調單位就以法制單位的意見，輕率認定業務單位明知違法仍執意施為，涉嫌圖利。

尤其，十年的國會近身觀察，深刻體會到規範政府行為及拘束人民權利的所謂的「法」，有些固然是提案機關審慎研議而具明確的計畫內涵，但也常常是出於立法者一時的興到神來。「依法行政」可能將國家導向康莊大道，也可能墜落黯黑深淵。再者，我們所受的法學訓練，是否已充分到足以支撐正確評價法律條規的基礎？一個法條走不通，是否就可以率爾論定「依法無據」？下筆是否需要留三分？

隨著經驗的累積，法學知識的深化與廣化，也慢慢認知到，方法是人想出來的，辦法是人定出來的。當此路不通，我們是否能不受業務單位所設框架的限制，排除本位，跳出三界外，宏觀地俯瞰全局，透視法條的內裡，運用體系的整體解釋方法，把死胡同轉出活路，指引既合法又能完成政策任務的途徑。法制人員如何做到既能堅守原則，似山岳之不移；又能靈活運用，如江河之自適，這就需要這種化解問題的智慧與洞見。

這樣的信念，就化成後來從臺北縣政府、內政部到行政院，一路走來始終不變的行動力量。地方制度法從理念建構、草擬方案至推動完成立法，以迄落實、執行，正可以總結這樣的一貫理路，這也是想完整交代這些因果故事的原始動力。

長久以來，繁百庶務，地方唯中央法令是從，為了解構中央法律的禁錮，就啟動「地方法制改革」，爭取自治權；缺乏「依法行政」的合法基礎，就以爭來的立法權，自己立個可據以客觀遵循的法；中央硬要塞一個地方所不歡迎的事業，就援「自主立法權」加予抵制。業務管轄在中央與地方對應「美學」的邏輯下，有時欠缺靈活度，所以要能「組織自主」；施政須要財力的挹注，有錢非萬能，但沒錢萬萬不能，「財政自主」也應爭取到位；當中央以出身低，不考慮實際的需求，只論別人叫直轄市，你叫縣市，就活該被歧視，就想方設法改變制度，創個「準直轄市」。

到了中央服務，不同的視野，看到中央與地方權責混淆，就透過制定法律，予以明確釐清、「劃分權限」；該中央承擔的，中央應當仁不讓，執行觸角所不及的，就以「委辦事項」概念，商請地方共同成就、分享成果。本來就應由地方承擔或由地方規劃、執行較為合適的，就毫不含糊的明確規定為「自治事項」；如果真的需要透過法規「授權」才能圓滿解決問題的，就想方設法授權。

垃圾山裡有黃金

當然，徒法不足以自行，法治只是處理公共事務的止痛劑，公務員絕不應膠柱鼓瑟地把它當成萬靈丹。政府機關，特別是行政機關，所面對的是瞬息萬變的社會環境，是千姿百態的人民生活，每個人不能只是謹守著「處務規程」有限的、死板板的分工規定，劃界自限。我的才是我的，不是我的就是別人的；至於是誰的，那就不干我的事。大家寧可花十天半個月打筆仗，爭論事權管轄，就是不願意用幾個小時的時間，立刻想出解決問題的策略。

要挑戰中央集權性格的法案，提出契合地方自治理念的建議案，如何進行國會遊說，讓朝野立委連署，已是相當挑戰，更遑論不同於行政院及立委提案的版本，就憑著地方法制改革的信念，立法院會接受嗎？

一場大地震摧毀無數家園，固然有人謀不臧的因素，但更大的成分是天災，一方面要整合「博士的家」數百受災戶的意見，一方面要讓建商願意坐下來談，還要從他口袋裡掏出數億的賠償，沒有任何奧援的一介公務員，辦得到嗎？

政府突然史無前例地決定要發放消費券，八百九十億的準現金，要安全發放到二千三百萬國民與準國民手中，一個月的時間，從規劃、溝通到執行，能貿然接下任務嗎？

屏東地方政治生態非常複雜，其中又牽涉議會內部派系縱橫糾葛的情結，不是在做學術論文研究，而是活生生的人事衝突，要如何穿越四百里，多邊協調，尋求讓步？

凡此種種，就如同僚常說的，我喜歡把大石頭挑回家，自然這需要一點不計較的「傻勁」。

當初胡濤主任一通電話，就把我從偏遠的地方政府調到全國最高民意殿堂；報到之後，也很受禮遇地被倪院長「例外」約見。這是何等風光！

可是一到議事組才發現，說好的工作項目，完全不是那麼一回事。本來胡主任電話中說，要我到議場主席台協助會議行政，結果該工作已經被一位委任職的書記遞補了，她留下的工作，就「自自冉冉」地由我負責。

我在立法院的第一份工作是什麼？是收發、議事檔案管理、會場簽到與程序委員會服務。堂堂法制高考及格，有那麼一點感受，像《西遊記》的孫悟空一樣，離開花果山水濂洞，以為到天庭當官，多麼榮耀光彩，哪知竟然是弼馬溫。

也許，應該簡介一下這些工作的內涵，就可理解當時心中的苦悶。八〇年代立法院所謂的議事檔案管理，絕不能想像成現在的電腦化的、E化的管理模式，而是國民政府一九四九年值「最是倉皇辭廟日」，在南京的立法院匆匆忙忙將所有議事資料、書檔、立法公報、立法提案原始書面……，胡亂往一個個大木櫃塞，就運來臺灣。

大木櫃長六尺、寬、高各二尺，活像環保棺木，共有一百多個，其中大多放置在新店青潭倉庫[8]，另約五十個堆在現立法院議事處的會務科（原為議事檔案倉庫）。前者，於一九七九年歐敏颱風造成洪水氾濫，地勢低窪的青潭倉庫全部泡在水中，管理人員就順勢報廢銷毀；前輩牟科渝表示，其中還包括價值不斐的臺灣商務印書館仿故宮原版印製的全套《四庫全書》[9]。

至於放在立法院本部的檔案，從一九五〇年代以來四十年間，從沒有人

8 我在前輩牟科渝的帶領下，搭立院大卡車去過一次，詳細位址已不復記憶，尤其，三十年前到新店的交通非常不方便，只感覺很遙遠，是否就是現在位於新北市新店區力行街的「立法院新店圖書館暨檔案典藏館」？或另有其處？已不得而知。

9 當時就已經「屍骨」無存，如果真的有，也應該是一九三五年上海商務印書館所印的《文淵閣四庫全書珍本初集》，一九六〇冊。因為，《文淵閣四庫全書》是臺灣商務印書館在一九八〇年代才印行的。

打開過木櫃；就如牟科渝說的，沒人知道裡面裝了什麼「死人骨頭」。到我接手的一九八七年，木櫃上已堆積了厚厚一層灰塵。

不要說打開木櫃，甚至連那間倉庫都很少人進去，有位單身來臺的老工友張松年死在裡頭，也經數日才被發現。每天看著這堆「棺材」，真是傷感，總想：水淹不到，一把火燒了也好，一了百了。

高考及格初任科員每月薪水不過一萬四，奉養父母之外，所剩無幾，南部鄉下小孩，實在負擔不起臺北市月租四、五千元的房子。反正單身，就決定跟張先生一樣，以倉庫為家。先將灰塵清理乾淨，奉上四果向張先生上香，祭拜一番。騰出約二坪空間，併排四個木櫃當床鋪，走廊盡頭倉庫旁的公共廁所就權充浴室。

以前立法院幾乎不會在夜間開會，晚上除偶有警衛巡邏外，院區空無一人，檔案庫靠青島東路這一側也是車馬稀落。因屬日據時期遺留下來的老建築物，半夜門窗常嘎嘎作響，加以曾有張先生的遺體，群賢樓有人自殺，偏偏議場前噴水池（已在九〇年代剷除）又有臺大醫院嬰靈小鬼夜半三更出來玩水的謠傳，詭異的氣氛已是駭人。壓在身體下面及堆滿屋子的、戰亂運來的木櫃，究竟裝個什麼鬼，更難免啟人疙瘩。但為了節省開銷，總相信「天地有正氣，雜然賦流形。於人曰浩然，沛乎塞蒼冥。」自己行事光明磊落，不做虧心事，何懼神鬼，就這樣「大膽」地落腳於此一年多。

雖然，所承辦的業務與那數十個木櫃無關，幾十年來前輩沒動到它，也都照樣在過。可是自己的個性，如此不明不白地，心裡總是不踏實。一九八八年七月，立法院休會期間*，就自動向主任請命，可否撥給兩個同仁，我

＊立法院休會

過去，立法院休會是扎扎實實的休會，幾乎什麼事也不用做。本來，依憲法規定，立法院開會期間為二月至五月，九月至十二月，除了固定的歲費、公費，如果延長會期開會，另有一筆「延會錢」（好像委員每天二千七百元，簡任職員一千二百元，薦任以下九百元、工友六百元）。為了多領延會錢，一開始，立法院幾乎全年無休，行政部門苦不堪言，經協調後改為只要延長會期超過休會期間的半數，就可領完整的延會錢。所以，立法院就決議，分別延長到一月十五日及七月十五日，但二月一日及九月一日報到後，又拖延至二月二十八日及九月底才開議。換言之，夏季休會一定是完完整整的二個半月。後來，把「延會錢」總數化為正常開議期間的「會期津貼」，也就是不論有無延長會期，都可領到額外「等值」的收入，立法院就很少再延長開會一個半月了。

準備利用休會期間，打開所有木櫃，將裡頭的東西全部整理出來（我開玩笑地說要「開棺驗屍」）。這一計畫，立刻獲得主任大大的激賞與勉勵。

就這樣，休會的二個半月，與郭夏蕙、孫憶雯每天穿體育服、帶著口罩與棉手套，將木櫃逐一開啟、整理，除了後來被標記為「孤本」的南京時代早期立法院公報，有些沒財產目錄的字畫被識貨的職員拿走外，胡主任大致看了一下，覺得沒典藏價值，就交代簽呈銷毀。應該說當時還沒有《檔案法》的規定，未能依規定好好處理，至今思之，都不免惋惜。

不過，垃圾堆裡有黃金，我也整理出南京時代的一些議事案例，作成摘記，對日後處理議事爭端偶而也提供了有價值的參考*；於一九九八年商調臺北縣政府、離開立法院時，特別應一羅姓同僚之請，將該「武功祕笈」交予其修練，我還自信滿滿的說：「離開之後，這本祕笈應該還可以用五年。」

萬丈高樓平地起

說到另外一個重要業務——程序委員會服務，那就更扯了。在資深立委時代，程序委員會的成員如吳延環、張子揚、何適、冷彭……等，雖都是德高望重的大老級人物，但程委會卻是個很「冷門」的特種委員會。一般作

✻議事爭端案例

其中，最值得一提的，當屬發生於一九九三年所謂的「國安三法」（即「國家安全會議組織法草案」、「國家安全局組織法草案」、「行政院人事行政局組織條例草案」三案）的立法爭議。原來於法制等四委員會聯席審查國安會組織法草案時，開會前，山雨欲來風滿樓，現場充滿對峙衝突氣氛，於本人（時任法制委員會科長）還在宣讀審查議案名稱中，蘇嘉全委員就箭步衝到主席台，欲搶奪我手上的議事資料（因蘇委員也多次擔任法制委員會召集委員，深知我常握有「錦囊妙計」）。主席或許因過度緊張，議事經驗較為不足，並未按事先沙盤推演的程序，裁示「審查通過」（連強行宣告都沒履行），即匆忙「奔」離主席台，引爆空前最激烈的議事衝突。

事後我僅記錄：「現場一片混亂……」；主席要求我在會議紀錄上載明主席有裁示「審查通過」的字眼；但經反覆聽取錄音，確認主席並未宣告，我堅拒配合做這樣的記載。最後，國民黨政策會執行長饒穎奇及黨團書記長謝深山前來詢問事實經過，並會同該次會議主席一起聽錄音帶，也確認議事程序確實未完備，就語帶調侃地說，「啊你就真是沒講，怎麼可以對死幕僚人員？」也不認為有完成審查程序。於次週換盧修一輪值召集委員，採納我的建議，排入確認議事紀錄的議題，經表決確認上次會議並未完成法案審查程序，應發文將報請院會審議的公文撤回。本案於當時，屬高度政治爭議性法案，委員會已轟轟烈烈打過群架，再開一次會，結局仍會相同，到了院會二、三讀，又要再打一架，社會與政治成本太大了。我就向饒穎奇委員獻策，可以少打一場架，也就是將交付審查的議案從委員會抽出，由院會逕行二、三讀。

當時議事組資深幕僚都有疑慮，認為《立法院議事規則》並無相關規定，予以抽出恐有合法性的爭議。我就援引《民權初步》一四四節的意旨，可動議表決通過「取消某某事件委員之職務」（此即《會議規範》第七十七條所明定：「委員會對付委案件延不處理時，得經大會出席人之提議並獲參加表決之多數通過，將該案抽出，另行組織委員會審查或由大會逕行處理之」）。另說明，南京時代的立法院曾有過類似案例，議事行政本來就有「有法依法，無法依例」的原理，或許可以參考。

饒委員遂於一九九三年十二月三十日立法院第二屆第二會期第二十八次會議，領銜提案依《立法院議事規則》第二十條規定變更議程，並將「國安三法」，從委員會抽出，改列為討論事項併案討論，並請以記名表決逕付二讀。此一提議經「表決」及「重新表決」通過後，主席王金平立法委員於混亂的場面中，在主席台上宣布上述三法案「通過」。

嗣新黨籍委員謝啟大針對該次會議的合憲性聲請大法官解釋（謝委員也是法制的召集委員，聲請書又是我參與撰寫的），大法官作出釋字第三四二號解釋，明揭「其內部事項，屬於議會依自律原則應自行認定之範圍，並非釋憲機關審查之對象」。擺明了說「有無遵守內規進行三讀，是你家的事」。

業，議事組幕僚人員會先按政府議案、委員提案及人民請願案，依序擬妥議程草案，呈召集委員批核；召集委員（一直都由吳延環擔任）向來尊重幕僚意見，不會任加變動。下午六點院會散會後，程序委員就會陸續抵達小會議室（現在的請願室），先辦理簽到，法定人數一足，幕僚人員行禮如儀呢喃一番後，主席就徵詢有無意見，通常不會有意見，沒有動用過「表決」，「擋案」、「扣案」更是聞所未聞。

但如果以為這些委員是怠惰失職、唯命是從，那就大錯特錯了；相反地，翻開國會紀錄，對這些委員研究法案的用心、深入，後輩可能都要覺得汗顏；而其捍衛體制、無懼權勢的風骨，更堪為當今典範。不是他們不瞭解「權威」的快感，而是基於謹守職權分際的自我期許。因為，依規定，程序委員會只能就下列問題作形式上審查：如各種提案手續是否完備？內容是否符合立院職權？議案有無合併、分類及次序變更的必要？（政府提案、委員提案討論、質詢時間如何分配？是後來才有的規定。）對於政府機關或立委提案，只能依序排入議程提報院會；在院會，也只能朗讀案由（即完成一讀），即交付相關委員會審查，或逕付二讀。這時候，對政府提案，連院會都無直接的「不予審議權」，更遑論程序委員會。立法院有沒有冷藏法案的

「冷凍庫」?有，還超冷的;不過是和其他國家一樣，由常設委員會來擔任，程序委員會不扮演這樣的角色。

程序委員會會議通常不會超過五分鐘，散會後緊接著就直接在會議室內，「和諧」地享用康園餐廳外送的梅花餐。我的業務就是管會前簽到與會後用餐，可別小看梅花餐，因程序會委員都是耄耋之年的「大老級」人物，山東、河北、山西、四川……各省籍都有，家鄉口味喜好不一，山東大妞楊寶琳的脾氣尤其要好好伺候著，如何普遍化、不偏不倚，迎合大家，還須有一番學問。

管議事檔案、管簽到、準備餐食，一做就是四年。萬丈高樓平地起，也因為那四年，業務單純輕鬆，其實真的是「大才小用」，每天大概只消一小時的時間處理事務。其他的時間、心思，都用在觀察國會生態的轉變。尤其，從一九八七年至議事組服務以迄一九九一年調法制委員會，這四年正值國會劇烈轉型，一九八七年五月三十日，民進黨增額立法委員朱高正，為中央政府總預算案跳上主席台進行杯葛，這一幕震撼了當時保守的臺灣社會與政壇。

目睹議事杯葛不斷，暴力衝突時起，乃發心研究各國議會自律規範與政治轉型的憲政議題，並嘗試研擬議事改革的方案。

一九八八年四月十九日，有「街頭小霸王」之稱的林正杰等十餘位身著「全面特赦政治犯」的人士，在立法院議場外因「旁聽」問題，與駐衛警嚴重衝撞；嗣又在旁聽席上因標語問題，相互拉扯，立法院首次發生群眾為表達理念在國會殿堂上演衝突場面。

究竟，持有立法院的旁聽證，是否當然可以不受限制地上旁聽席旁聽？又在旁聽席上是否可自由懸掛標語？當仁不讓，我下午立刻寫了一篇標題為「為什麼禁止標語進入議場」的評論，投書《中國時報》，主動以研究心得為立法院處理的合法性提出辯護。翌日，該文被刊登在第二版顯著版面。

這是我三十年來陸續於媒體投書上百篇言論的第一篇，在當時保守的公務員體系，更是第一篇捍衛機關作為的投書，受到院長及胡主任的高度肯定。我對國會制度與議事法規的研究，也因此受到院內長官注意。

收發、檔案管理人員與議事規則本來一丁點關係也沒有。可是某日臨下班前，剛升任祕書長不久的胡濤先生把我找去，面帶愁容又期待地說：「院長要和黨團政策會討論國會改革的相關法案修正問題，臨時交代，事出突然，我知道你平常都有在研究，能不能麻煩你幫我擬一份資料。」

「沒問題，什麼時候要？」

「明天上午十一點要向院長作簡報，可不可以九點半先給我看一下？我知道很不容易，只要一些重點提示就可以。」

開……開……開什麼玩笑？這麼重大又高層次的議題，現在快下班了，明天上班就要。立法院還有一個「法案研究中心」（法制局前身），一群非常高階的研究員，我如果拒絕，把事情「禮讓」給法案中心，祕書長諒也不至於怪罪。但長官在這麼急迫的情形下，把這麼重要的任務交給我，就是信任我，一旦拒絕了他的信任，相對就是拒絕一次偶然的機運。

毫不遲疑地接下挑戰，當晚留在辦公室研擬。當年還沒有電腦資訊，不像現在查詢資料這麼方便，所有概念只能憑日積月累的經驗及平素蒐集的資料；所有作業都是土法煉鋼，一筆一字寫下來，再交給繕打員用鉛字版打字。一直忙到凌晨三點多，才完成草稿。就先到辦公室旁邊的廁所沖個冷水澡，準備最後重謄定稿再睡覺[10]。誰料到，一出辦公室，手一鬆、風一吹，不小心門被反鎖了。急中生智，不得已只好打破窗戶，伸手開窗爬牆進去，第二天再向長官及祕書處解釋。

雖然交代九點半，但八點祕書長一進辦公室，我立刻把成果呈上去，而

10 那時我已不睡在檔案倉庫，而改宿於退休員工宿舍，就是現在立法院員工消費合作社二樓，我跟一位江老先生窩在上、下舖，有自己的房間，現已改裝為無黨聯盟辦公室。

且不是只有重點，還包括完整配套的法案修正與總說明。祕書長看完後大悅，連連誇讚，立刻交代繕打員孫秀琴等，分頭處理，正好趕上簡報的時間，一份漂漂亮亮的文件就出爐了。

後來，法制委員會科長出缺，試想，國會組織、程序、自律規範，都是法制委員會主審的法案，這個科長會給誰？本來該會已有一位深受高層愛護的「專員」。但祕書長卻把我叫去，笑笑地說，要不要換個單位？經法制委員會召集委員林鈺祥（國民黨）、李慶雄（民進黨）與王天競（新黨）聯名推薦[11]，我就直接跳級，以薦任第七職等科員權理第九職等科長。

準備充足運自來

午夜夢迴，有時候也會反問自己，老天爺好像還蠻眷顧我的，這樣的運氣是怎麼來的？不過就是一封家書，會變成點燃老兵返鄉狂潮的火種；一篇報告，會變成啟動地方法制改革的引擎；一個發想，會變成災建雙方共同終結苦難的基礎。霸氣絕頂的縣長，願意虛心聽取依法行政的道理；縱橫地方的議壇領袖，能夠打開心結化干戈為玉帛；邊緣社會的「土公仔」、妓女，都能為著一個共同的願景坐下來談，一起努力。

11 以前立法院的人事文化，要到個常設委員會，至少一位召集委員的簽署，是最基本的要件。

什麼是運氣？有人說，所謂的運氣就是充足的準備碰上偶然的機運。其實，準備才是最具挑戰的地方；問題是我們並不知道未來會有什麼機運，要如何預作準備？答案在於改變心態。只要夠努力，就可以創造機會或開拓機會的可能性，不必坐等機會上門。

公務生涯一路走來，好像一切都能水到渠成，都那麼順理成章。是的，癥結就在一個「理」字，抱持著只要有「理」什麼都可做好的天真，不管是做人的基本道理，還是行政法上的合理，或人同此心心同此理，所謂「有理行遍天下」，我天真地堅信，出於至誠，互惠互諒，每個人都可嘗試著跟他講理。而只要是為著一個「理」字，就什麼都不排斥的傻勁，放手去做就對了。成之，我幸；不成，也只不過是唐吉軻德的愚勇，何必戚戚。

三十餘年公務生涯，接觸或直接處理的事務，何止萬千，其中與地方自治有關的又不知凡幾。因撤銷臺北市長馬英九的里長延任案，被馬家軍揚言封殺的「頭號戰犯」，為什麼行政院長江宜樺仍會不次拔擢？

中央修一個規定，讓地方可以用代金取代綠地，山坡地濫墾濫伐者可以繳錢換公安，並衍生出一個只重觀光不重人命的輔導計畫。為什麼內政部部長廖了以會三槓行政院？劉兆玄院長為何三退交通部簽呈？又為什麼在莫拉克颱風摧枯拉朽之後，廖部長會無奈仰天三嘆？

當一部《看見臺灣》影片，一夕之間小瑞士「清境農場」變成眾人必去之而後快的危城，內政部長李鴻源「違規未必危險，合法未必安全」的分類處理思維如何形成？策略內涵為何？給了南投縣政府什麼樣的啟發？

公民團體提大埔農地徵收行政訴訟案，中央政府被判敗訴，上自副總統、下至內政部次長、地政司長，都摩拳擦掌力主上訴到底，何以內政部長李鴻源於看過一份分析報告後，獨排眾議放棄上訴？行政院長江宜樺又因何也跟著呼應？副總統吳敦義如何被說服放棄上訴？

臺東縣長吳俊立任用「配偶」鄺麗貞為副縣長，遭內政部撤銷，吳俊立提行政訴訟，於行政訴訟準備庭結束後，因聽到一句善意「規勸」，未幾即撤回訴訟，吳縣長究竟聽到了什麼？

林林總總，還有更多更多親身經歷的個案，都涉及地方制度法的詮釋與運作，也伴隨著我在公務體系的成長與發展。其實都蠻有趣而隱含深刻的法制內涵，一直考慮著、掙扎著，要不要寫下來？

不要寫，因為這只是自己的觀察、認知，事件相關的人物怎麼想？怎麼界定事件的意義？寫出來，會不會太片面、太主觀？

布克哈特（Jacob Burckhardt）所著《義大利文藝復興時期的文化》（*The Civilisation of the Renainssance in Italy*）一書，對我有很大的啟示，鼓舞著我應該要把這些事件背後的故事寫出來。該書主要是描述，在經過中古世紀千年黑暗時期之後，義大利傑出的藝術家，如何復興了希臘所流傳下來的繪畫、雕塑、建築的光榮成就，創造了文藝復興的璀璨文化。

依法行政本是公務員的基本信條，國家施政的客觀基礎，也曾是所有法制工作者最引以為豪的作業守則。但由於某些主、客觀政治環境的拘束，法治形同墜入神權至上的夜夢。我既有幸尸位法制的最高殿堂，在老人痴呆症隨時可能造訪、記憶還未流失的當下，有責任整理手札，將過往經驗，一點一滴刻繪下來，透過一個一個個案，希望有朝一日，後來者回頭省視，還能感受到法治的絲絲生趣與興味。

畢卡索說：「裝了框，畫就死了。」這些故事，也許不要急著加框，可以繼續塗抹彩繪；也許可以這時就把它加框，掛在牆上膜拜，或放進博物館典藏。但無論如何，還是希望幾年而後，或有如文藝復興藝術三傑者，能從法治原型的重塑過程，再次振興法制工作的榮光，讓法治重新放回規整國家穩定發展的適當位置。就如陳定南縣長，將法制股辦公室直接設在縣長室旁，以便隨時諮詢、請教；蘇貞昌縣長將法制室的順位，提列於幕僚單位之首，尊重有加。

本書所述不過是個人三十年滾滾宦海中的偶然驚奇，也許有點浪漫，但絕對寫實。相信許多的公務界同儕也都有比這更為豐富而精彩的體驗與故事，在當前極度貶抑官僚價值的社會氛圍中，如果能藉著點點滴滴的分享與共勉，重新點燃公務人員的熱情、喚起行政體系的尊榮感覺，重啟社會對事務專業的肯定，則是不敢奢望的另一層次的卑微期待。

劉文仕 服務公職滿三十年之日
誌於新店．青山鎮．雲山之軒

文官說法

臺灣地方制度講古

電火球仔惹毛——地方法制改革

臺灣地方法制，從集權走向分權，
與其說是趨勢的必然，不如說是歷史的偶然，
這個偶然是來自於一場陰錯陽差的誤會，
惹毛了「電火球仔」，意外點燃一場寧靜的改革。

一九九七年八月十八日溫妮颱風過境，造成臺北縣汐止鎮號稱「臺灣第一座複合式整體開發的大眾貴族化社區」林肯大郡慘劇，二十八人死亡，房屋損壞、全毀百餘戶，一百多人無家可歸。

翌（一九九八）年，臺北縣政府農業局、工務局等多位一、二級主管及承辦人紛遭監察院彈劾，受公務員懲戒委員會為停職或休職的處分、十四名官員被檢察官以圖利及偽造文書提起公訴[1]。二月間，我正好從立法院法制

1 除了一人無罪、一人移民澳洲未拘提到案外，其餘被告於一審判決，分處有期徒刑二年至九年不等，後又經臺灣高等法院更四審全改判無罪。

委員會商調縣府法制室服務，對基層公務人員因法規不完善之害而受重大不利懲處，感受深刻。對於地方法制體系的紊亂、自治立法權的扭曲變形，連帶影響執法人員權責分際的模糊，感觸尤其強烈，乃開始著手研訂計畫，矢志致力地方法制改革工作。

七月十七日前行政院經濟建設委員會主任委員江丙坤，應邀蒞臨縣府專題演講。主辦單位人事室並未通知法制室，雖然，我是在活動前半小時看到縣府同仁都往大禮堂移動，詢問之下，才知道有此活動，但仍主動前往準備聆聽。只見現場「主管區」都置有名牌，「一般同仁區」也已座無虛席，人事室科長趨前致歉，表示因事屬經濟建設方面的業務，與法制無關，所以就沒有安排法制主管的座位，也不便再調整席次，無奈只得悻悻然返回辦公室。

隔週二（二十一日）例行縣務會議上，會議一開始，蘇縣長就提到江主委演講內容的重要性，講著講著，突然停了一下，直視著我，略顯慍色地說：「這麼重要的演講，法制主管理應參加，並進一步規劃具體作為。你竟然缺席，非常不應該。我現在要求你半個月內提出專案報告，演講內容自行去瞭解。」

在公開的場合受到如此待遇，是何等難堪。只覺得突然像被電火球仔漏電，顫了一下，並未作任何澄清、抗辯。會後，經瞭解，江主委演講的主要內容是行政院在一九九八年一月頒定「政府再造綱領」中「推動法制再造」的三大要項，即「調整政府角色」、「改革重大業務制度」及「檢討管制方式，進行法規鬆綁」。

這也難怪，只要談到「ㄈㄚˇ」，不管是辦法還是頭髮，蘇縣長直截反應，沒有ㄈㄚˇ就要想辦法長出一個ㄈㄚˇ來，不管是滿腦子的想法或滿頭烏黑的頭髮，我好像都脫不了關係。

據轉述，當蘇縣長在介紹江主委的事蹟與主講內容時，本來還很自豪地說，半年前特別從立法院挖到人稱國會才子的法制要角，就是要借重其經驗，進行法制再造。可是現場眼睛一掃，看不到口中的「要角」，還點了名，當場臉都垮了。

不過，好運本來就是充足的準備碰上偶然的機運；成功的訣竅只有一個，就是充分準備，裝備自己，讓自己隨時處於可以上戰鬥位置的條件。發掘問題，並事先研究、模擬解答於先，儲存在人生的「光碟」；也許終生沒有反饋的機會，也許有一天派上用場。運用自己日積月累的準備，將他人眼中的危機，變成契機，是我任公職一路走來的自我期許。縣長的「要求」，何嘗不是賜給我表現的機會。

鑒於行政權的限制來源是多方面的，如制度、法律、行政命令、上級機關工作指示、訓令、本機關一般作業規定，乃至相關機關或權力機構（如司法權）的解釋、處理態度，甚至來自於執法人員認知的不足或偏誤……等。而機關層級愈低，所感受的不自由就愈甚。尤其，在缺乏合理而周延的制度性保障條件下，縣（市）雖為地方自治的基礎，縣（市）政的良窳，也與民眾的關係最密切，其公務人員的行政責任也最直接。但相對應的權限的自主性，卻也最薄弱。因此，法規鬆綁的主觀需求與客觀必要，也就最強烈。

中央大員親臨開講法規鬆綁，何等反諷。因為，地方就是被中央層層法規束縛，動彈不得、動輒得咎。

而檢視行政權運作的限制源，有些雖屬可變的或可掌控的因素。有些則屬不可變的（至少是難予改變的），或非自己所能掌控的，如何進行鬆綁？就需有一套進步的理論作指導，才能規劃出完善而可行的科學方案。

就此，乃按縣長要求，如期於半個月內完成一篇長達五千字、題目為「建立一個積極而有效率的現代化法治政府」的專案報告，並於八月十一日在縣務會議上提出。本報告建議以一九九一年諾貝爾經濟學獎得主寇斯（Ronald Coase）著名的「寇斯定理」為主軸，用「新制度經濟學」的觀念作指導，首先析分出限制源的性質及其變遷可能性，如屬不可控制的，即掌握時機爭取制度的合理調整，期能從目前「過程導向」的「適法監督」，蛻變為「結果導向」的「績效監督」；而對可以自我控制的因素，則從人的角度出發，研究個人究竟如何在現實制度限制下作決定，並預測制度的變遷方向，要求執法人員在制度的約束下追求個人效用的最大化。

報告中提到各級政府體制的業務權界線模糊，身為基層政府體制的地方政府，不但受到層層管制，更因政治地位相對的不足，所作成的決策或行政處分並不被重視，在無政治力又無效率下，加以中央的實質行使中央集權，使「效率性」更不易達到。地方政府在原來體制的殘缺外又飽受剝奪，未能自治，可以說是雪上加霜。憲法雖重均權原則而保障地方自治，然地方政府有獨立自主裁量、決策權的「固有自治事項」，在實際執行上，與須受上級機關指示拘束的「委辦事項」二者之間的界線，卻模糊而無區分標準，加上立法上又往往以「本法執行機關在中央為○○部，在省為省政府，在縣市為縣（市）政府」等含混方法帶過，使該事項常被解釋為委辦事項，造成對地方自治團體自主權限的排擠效應，而不論在固有自治事項或委辦事項上，俱受制於層層上級機關，僅能唯上級命令是從，不但削弱行政效率，更導致地方無從實行自治。

究竟如何在權力分立體制所要求的法治原則下，一方面消極地防免行政機制的失靈惡化，一方面又能積極地保持行政運作的能動性與活力，地方法制改革計畫的雛形，於焉產生。

縣長聽取報告後，嘴角微微一笑，說：「人事室主任已向本人解釋，本人有所誤會，卡歹勢。不過劉主任不但沒抗辯，還如期提出這麼深入又有見地的報告，非常難得。除了洽悉，本人特別期許劉主任能進一步提出具體做法，積極研究相關法規制度的調整。」

十月間法制室又據以提出「推動地方自治規章之制定與彙整及業務法規體系之檢討與建立」及「分階段檢討管制訓令，進行法規鬆綁」兩個施政中程計畫，先後經十月二十日縣務會議通過，推動的法定基礎及步驟，乃告確定。依據「中程計畫」的第一階段，就是要打造地方立法制度的基礎工程，推動地方制度法有關「地方立法」專章的訂定。而當時立法院朝野已協商，於會期結束前完成地制法立法程序，鑒於內政部所擬「自治法規」一節的缺失[2]，如不適時反映，全案照通過，地方將坐失一次關鍵的改革契機。

在缺乏人力資源、預算經費的條件下，我還是決定向不可能的任務挑戰。然而，遍查各學術機構所能提供的資料，一方面困於相關文獻的匱乏，一方面因憲法體制的差異，缺乏比較法上可資參採比擬的基準，在靜態的法制體系與動態的政治變遷之間的維繫與創見，如何以堅實的理論為前導，在實務基礎上建構方案，確實有相當程度的挑戰，需要投入相當的時間、精力。尤其，臺北縣幅員廣大，人少事繁，閒餘時間實屬有限。正逢議會期間，忙裡偷閒，充分運用「空檔」*，二個月寫成四萬言的論文「縣立法權體系概念的檢討與重建」，並據此出發，研議地制法「地方立法」專章條文。

適十二月五日應國立政治大學邀請，在該校「公企中心」國際會議廳發表學術論文，乃以此為題正式公諸評論，獲與會近二百位國內外學者專家及實務界人士肯定與重視。同月八日乃正式提經縣務會議無異議通過，並經蘇貞昌縣長完全授權，全力向立法院展開遊說。

當受命開始進行立法遊說時，除行政院提案外，在立法院已另有林濁水委員等十八人、黃爾璇委員等四十三人及陳一新委員等十六人，分別代表民主進步黨及新黨所提「地方制度法」草案。而回顧當時正值三合一選後，國

2 內政部所研擬地方制度法草案，最根本的設計盲點，則在於仍無法摒棄中央集權的本位心態，不能還原地方自治立法權的憲法本貌，連帶影響整個體系關係的建構。尤其，任意引進日本「行政規則」的法制用語，將地方行政機關訂定的法規，視同「行政規則」，不僅無法解決國內地方立法實務存在已久的紊亂現況，反而加劇法概念的衝突。

會結構不變，國民黨在立法院擁有絕對表決優勢，鑒於民進黨在各縣市執政的政治生態，國民黨對中央集權心態的復辟，在整個立法過程中的起伏、善變，可謂表露無疑；而在如此的主客觀條件限制下，地方追求健全、合理的自治權能，實無異緣木求魚。

尤其，有關「自治法規與行政規則」這一章，民、新兩黨提案與行政院

＊議會空檔

當時縣議會開會還挺有趣的，大會議程通常排在下午，縣府官員一點半就得前往議會報到，但議員通常姍姍來遲，總是超過三點半才勉強湊足法定人數，開始開會。議員行禮如儀依序質詢，不過兩三位進行詢答後，前議長許再恩就按例宣布休息。府會一家親，齊聚議場後的餐廳用點心，不僅有米粉、鹹稀飯、各式精緻小菜，有時還會有各鄉鎮市的特色小吃，如金山鴨肉、深坑豆腐……等。議員們喜歡和工務、建設、教育局局長或主計處長同桌，其他單位的主管就樂得自行「聯誼」。當然，真正的「質詢」、「溝通」，其實是在這裡進行的；議事台上不過是提供表演的舞台。點心時間會持續到五點左右，繼續開會，又進行一、兩位詢答，議長就會勸議員：「麥閣問啦，問來問去都是這些，改書面就好啦。」議事槌一敲，就宣布散會。

版本幾乎完全一致，首先如何說服在野黨接受，即有相當程度的困難，更遑論向中央爭權，要中央放棄集權的堅持，賦予地方一定的自制立法權。而民進黨立院黨團總召集人黃爾璇本人就地方制度法原即有一完整提案，以其擔任黨團總召地位，全力推動個人提案，乃理所當然。但黃委員於聽取我的簡報後，竟能立即撥空研讀本府建議案及研究報告，逐條進行深入討論、交換意見，最後確認本府建議應屬可行，乃決定放棄其原條文，全部採取本府建議。另為降低黨派色彩，避免立法障礙，黃委員一方面主動謙讓領銜提案，一方面承諾將促成黨團全力支持。

歷經緊湊而密集的與朝野各政黨立法委員溝通、簡報，召開記者會，終於說服立法委員的普遍認同，於同月二十二日由民進黨立委簡錫堦、國民黨立委趙永清、新黨立委謝啟大等人領銜，完成跨黨派提案，並破天荒召開共同聯署記者會，迅速凝聚輿論焦點。

一九九九年元月十二日晚間，朝野立委本已參照本府建議案多數條文，完成協商。詎知，十三日凌晨，立法院院會正參照協商版本逐條宣讀處理之際，曹爾忠委員又突提出修正動議，將「自治條例」恢復為「自治規則」，彭紹瑾、許添才委員相繼呼應，院會予以修正通過。本案審議過程中，我全程旁聽隨時因應，眼見半年來為建立地方法制體系所付出的心血，幾功虧一簣。趕緊連繫在研究室的黃爾璇委員，即時進場制止議程進行，並要求再協商。

依立法院遊戲規則與情勢，當日翻案原無可能，但經黃委員以其專業信用及政治人格作擔保，終於說服朝野，同意無條件恢復原協商條文，地方制度法也因此能順利於凌晨二時六分完成三讀程序。

法制小辭典

地方法制改革

自治立法權是地方自治的核心，「縣有立法權」本為憲法第一百二十四條所明定，不過，事實上，在法制層面與憲法仍有很大落差。同樣地，議決縣市規章是議會最重要的職權之一，但遷臺以來，制度設計上也始終將國家與地方自治團體的關係，定位為屬於「公法上的特別監督關係」，並未賦予地方議會完整的現代議事權限。

一九五〇年施行的《臺灣省各縣市實施地方自治綱要》第五十八條甚

至規定，「基本國策」對「縣市議會決議」擁有宰制權，如有違反，省政府可以報請行政院核准將議會予以解散重選。

什麼叫「基本國策」？應該就是指憲法第十三章的「基本國策」，該章大部分僅屬於指出國家努力方向的「方針條款」，對國家公權力並不具直接拘束力，中央未必能完全實踐或遵循，可是到了地方就變成了必須加以嚴格檢驗的政治正確與否的標準。一旦被無限上綱，憲法所揭示的縣立法權，就只能亦步亦趨地跟隨中央既有的法令政策，而淪為只是執行中央委辦事項的補充規範，根本不存在自主性。

一九九四年省縣自治法時期，中央宰制雖略趨紓緩；但第二十六條仍賦予「中央法規」的上位階規範地位。而當時尚無行政程序法的概念，所謂的「中央法規」，除法律授權訂定的法規，也包括中央各機關依職權訂定的法規。此與憲法第一百二十五條所規定的「縣單行規章與國家法律……牴觸者無效」的意旨，差距甚大。因此，其所通過的規章，仍只被認為係屬於行政權的性質。

這種混亂而不合憲政法理的情形，迄至地方制度法第三章第三節「自治法規」規範功能的全新設計，才有了本質的改變，也揭開了臺灣地方立法體制改革及自主立法權積極運轉的序幕。

依本法第二十五條規定：「直轄市、縣（市）、鄉（鎮、市）得就其自治事項或依法律及上級法規之授權，制定自治法規。」「自治法規經地方立法機關通過，並由各該行政機關公布者，稱自治條例；自治法規由地方行政機關訂定，並發布或下達者，稱自治規則。」

地制法突破舊威權時代的封閉政策，將地方立法機關所通過的自治法規，採用與國家法律同樣的法制用語，以自治條例稱之，並賦予自治條例得規定罰則，具備了相當於中央法律的規範作用，提升地方立法權的層次為區域性的特別法律。

此項變革，可謂開創自治立法的契機與新世代，改變臺灣的法體系，使臺灣的地方自治已具備「自治性」的法治發展環境。這樣的進化過程，被認為是地方法制的寧靜革命。

小鄧變矮鄧——權限劃分

雖謂萬靈平等，殯葬的軟硬體規劃也須考慮公共安全，但究竟哪些應該全國統一？哪些可以因地制宜？這就涉及中央與地方的權限劃分。

現行法律對墓頂的高度現制，為什麼會劃出一公尺五十公分這條紅線？說到底，竟與「一代歌后」鄧麗君的「身高」有關。

在擔任內政部民政司司長之初，我就建議前部長張博雅將「殯葬改革」提列為最重要的施政重點。除突破禁忌，於二〇〇一年五月二十五日假「臺北市長官邸藝文沙龍」舉辦殯葬用品博覽會[1]及殯葬改革學術研討會、推動預立殯葬儀式的遺囑*，正式宣示殯葬改革的決心與規劃方向；並於八月二十三日、九月十九日，兩度將學者專家、各級政府機關與殯葬業者代表近百

1 如此「大膽」的行徑，真的嚇壞了習慣舉辦「美美」的藝文活動的經營者。但我非常敬佩，他們最後還是接受了我們這樣奇怪的case。當天會場，展示了各國各式各樣的殯葬用品與環保棺木，琳瑯滿目，感覺上還蠻具親近性的，並沒哪麼受排斥。

人，帶到墓仔埔，研商《殯葬管理條例》草案；第一次，還特地夜宿位於金山的金寶山墓園[2]。

這樣的「創舉」造成輿論大轟動，尤其，時值農曆「鬼月」禁忌，當晚各家電視台竟來了七台SNG車，現場實況轉播。由於一點巧思，內政部不費半文，達到了廣為行銷的效果；對於長期以來被邊緣化的禮儀師，終於受

＊淨化殯葬聲明

前內政部部長張博雅（現任監察院院長）就在星雲法師的見證下，簽立「淨化殯葬意願聲明書」如下：「我覺，要善盡人生最大的職分；我眠，要安享人生最大的美夢。生前何所來？雖不能自由選擇；身後何所至？我今天要莊嚴決定：請用至光至熱的火焰，讓充實的軀體幻化昇華。在愛與感念的祝福中，讓我自在地揮灑在臺灣的旭日東昇之處，藉由太平之洋的起落婆娑，依然可以晨昏清拂，此生最摯愛的土地。」我也簽立了一份聲明：「親愛的，如果我走了！且末彈奏驪歌，驪歌至會叫人腸結心惆。只要用含著愛的追思與溫柔，讓那此生無憾的軀殼，安安詳詳地在炫麗的火光中幻化西國。且僅握一把僅存灰末，回到我日夜懷想的故鄉溪口；一家人佇立孔山溪畔的堤防邊坡，灑向晚風輕拂。讓我伴隨著童年回憶，經過田野中的追逐嬉戲與成長足跡，慢慢墜向黃昏斜照，墜向我曾經揮汗播種過的綠浪金波。」

2 另外一次在宜蘭員山福園。

到直接來自官方的正面的鼓舞與肯定[3]。

白天在禮廳開會，畢竟有很多傳統禮俗與進步改革觀念的衝突，花了很多的時間，進行觀念溝通，進度遲緩。我半開玩笑地說，既然是陰宅，就不是我們要住的，應該等晚上再問問「好兄弟」的意見。

玩笑歸玩笑，晚膳後，就當真移師到墓園旁空曠的邊坡平台上，搭帳篷、點白蠟燭，繼續討論。透過星空夜色、燭光蛩鳴，在非常微妙、神祕的氛圍下，原來寸步難行的條文，竟一一迎刃化解，包括第二章「殯葬設施之設置管理」、第三章「殯葬設施之經營管理」的多數條文，都獲得共識。但涉及較具爭議性的議題，例如每個墳墓的墓基到底要多大？能多大？墓頂的高度限制應如何決定？甚至平面草皮式造型的墳墓及平面式骨灰骸存放設施，其墓碑的高度應否規範……等等問題，看法就非常分歧。

殯葬業者代表似乎已經都事先說好了，一致表示，無法接受內政部所草擬的版本。過去，依《墳墓設置管理條例》規定，每個墳墓墓基十六平方公尺，實際上都無法遵守，更何況草案一下子限縮一半，剩下八平方公尺。墓頂高度限制也一樣，墳墓條例規定最高不得超過地面一公尺五十公分，有哪個業者受規範？金寶山墓園副總經理劉正安就以金寶山為例，墳墓上各種造

3 就如金寶山集團負責人所說的，因為內政部的用心，讓殯葬服務業從業人員從陰暗的角落，走向陽光，許多年輕人紛紛投入這個行業。

景的涼亭、墓背上的雕刻文字，動輒超過二百公尺，如果要嚴格認定，無疑扼殺創意。

墳墓條例第二十六條分明有強制規定，違反規定者，當地主管機關即應加以制止，甚至可以處罰。對此，政府礙於民俗大忌，都睜一隻眼閉一隻眼，規範形同具文。殯葬條例草案擬將現有規定又進一步具體化、規範化，期能有效落實。業者有此強烈反應，可以理解。

當下考慮到身處墓仔埔，荒山野地，還要夜宿於此，如果強行定槌，通過相關條文，夜半三更，會有什麼事情發生，誰也不敢保證。姑且虛以委蛇，將爭議條文都先行保留，以待天明再議。

會議持續到晚間九點三十分，會後即興率隊夜遊公墓。來到金寶山，當然免不了要參觀鄧麗君紀念墓園（筠園）。嚴格來說，筠園主要分公園與墓園兩個區塊，進墓園前會先經過公園。公園除了將利用電腦科技設計建造的巨型琴鍵，鑲在地上，一踩便會發出優美的音樂；只要一走進筠園，「好花不常開，好景不常來，愁堆解笑眉，淚灑相思帶，今宵離別後，何日君再來……」的音符就會飄揚耳際。另外，鄧麗君鍍金的塑像宛如音樂女神般靜靜的豎立其間。

墓園部分，則採土葬形式，砌著方方正正的黑色大理石墓塚，墓背則為鄧麗君大理石雕塑。雕塑的造型在我看來既不美也不善，為什麼會僅露出頭部、單手向右伸展、大大的手掌垂放墓背邊緣，長髮向左直貼墓背。如果不是事先知道是鄧麗君墓園，又有一群人作伴壯膽，還真會被嚇著，以為是《七夜怪談》的山村貞子從墳墓爬出來。職業本能地走到雕塑的頭部，意外發現竟與我肩膀處同高，第六感又驅使我大致目測一下大理石墓塚的面積，不禁竊喜。

心中有了盤算、計畫，夜遊結束後，沒有參加與會人員的「吵死人」活動（卡拉ＯＫ），梳洗後隨即就寢。第二天趕大清早四時起床，帶著魯班尺兀自走到筠園，先實際丈量公園中鍍金的阿娜多姿的雕像，扣除平臺是一百七十六公分；大理石墓塚的面積，十六平方公尺；墓背鄧麗君雕塑頭部最高點，不高不低，正好一百五十公分。據瞭解，鄧麗君身高一百六十七公分，墓背這個雕塑為何要用趴著的造型，讓小鄧變成了矮鄧[4]？原來就是設計師接受法令規範的結果。也就是說，業者的不可能遵守規範之說，鄧麗君墓園就提供了最有力的反證。

於此，要作個插播，我要向雕塑藝術大師蕭長正先生表達最高的歉意，

4 鄧麗君的歌曲在華人社會廣泛流傳，有華人的地方，就有鄧麗君歌聲，她生前沒有機會踏足中國大陸，然而她的歌聲早在上世紀八〇年代就傳遍了整個紅色中國，內地青年「不愛矮鄧愛小鄧」（鄧小平身高一百五十七公分，有以「矮鄧」稱之），管他是不是「靡靡之音」，〈何日君再來〉迴響在大江南北、大城小巷，成了當代大陸人心中的共同記憶。

這是制度改革中一個美麗的錯誤，當時因夜半匆匆，導覽給的資訊不完整，我一直誤以為墓背雕的是鄧麗君。後來我才知道，原來那是出自蕭長正創作的「大地之母」，雙手環抱著碑石，意取守護著鄧麗君安眠之地。一九八八年，蕭長正經朱銘介紹認識了金寶山事業機構董事長曹日章，受曹日章委託製作高二公尺長十一公尺的「百美林」鑄銅浮雕。一九九一年，在曹日章力邀下，蕭長正返國出任金寶山藝術顧問，負責大型雕塑景觀的規劃與製作，將藝術大量導入墓園的老闆，曹日章應是古今中外的第一人，全職為墓園做藝術規劃與製作的藝術家，蕭長正也是第一人。現在來到金寶山的人，能夠感受到完全不像墓園的藝術氣氛，與後起的墓園也引進或多或少的藝術品，沖淡墓園的傳統印象，都與曹日章和蕭長正的努力脫不了關係。

因為金寶山藝術世界的意象，更堅定了我要「打造優質的天堂之路」的意念。記得讀過蘇東坡的〈江城子〉，寫道：「十年生死兩茫茫，不思量，自難忘，千里孤墳無處話淒涼。」也讀過清朝袁枚的〈祭妹文〉，結語謂：「嗚呼！生前既不可想，身後又不可知；哭汝既不聞汝言，奠汝又不見汝食。紙灰飛揚，朔風野大，阿兄歸矣，猶屢屢回頭望汝也。嗚呼哀哉！嗚呼哀哉！」

多麼淒美動人、真情感天，可是退一步想，我始終不能理解，一個自己摯愛，可以給予深情擁抱的親人，為什麼生死一懸，旦夕之間就讓他／她孤伶伶地躺在淒涼的千里孤墳，任由朔風席捲？

長久以來，因民間的風水之說，殯葬設施屬極陰之地，只能選在人煙稀少的偏僻郊野，墓仔埔給國人的印象總是如「蘭若寺」一樣的陰森恐怖[5]。所謂「慎終追遠」不過嘴巴說說，除了清明掃墓，有誰願意不定時地拿一束花，到自己親人墳前悼念追思？

其實，陰陽的界線並非天然形成的，而是活人自己造就的。推究其實，不過是一個觀念在作祟，是傳統的經驗禁錮了大家的思維，硬生生地讓「天人永隔」連帶地也隔斷了倫理親情。二〇〇〇年間我曾到法國里爾都會共同體參訪，在里爾市市長辦公室推窗往下俯視一看，隔一條街，綠意盎然景致優美，裡面「遊人」如織，或坐或立，或默念或靜思或閱讀。市長說，那是墓園，早上總是看到老先生、老太太來看他／她的老伴，中午市政廳同仁很喜歡到墓園散步。

一個問題始終困擾著我，我們為什麼不能有這樣的觀念？當看到金寶山將墓園變成了吸引觀光的藝術經典，政府為什麼不能帶頭推動？

5 提到蘭若寺，就會讓人聯想到一九八七年影片《倩女幽魂》裡的蘭若寺，那座森然的古剎令人印象深刻，幾乎成了鬼域的代名詞。

言歸正傳，量過鄧麗君身高，接著神清氣爽地，就當作晨間運動，將整座山的墓園繞了一圈，並抽樣式地觀察、丈量個別墓基，發現忠、孝二區，確實較為凌亂而缺乏規範。再進一步查看該二區碑文所記年月，其實大部分都是早期規劃施作的，例如一九八〇年遠航三義空難合葬的機組員墳墓，就是其一。換言之，一九八三年十一月墳墓條例施行前已規劃完成的，以及其嗣後幾年在過渡期間施作的，確實有很大的「創作」空間，高高低低，參差不齊。然而，靠近筠園這端新規劃的各區，除有少數違規外，基本上都符合墳墓條例的面積限制；或至少會以「變通」方式，巧妙規避法令限制。

不僅面積，即令業者所稱墓頂高度都不太可能與規定相符，也未必盡然。經過現場履勘，一九八〇年代中期以後規劃的仁、愛區，基本上沿著地勢採階梯式，從正面碑文、篆刻形式高度來看，墓背視覺上確實高達二百四十公分，但實際走到上層，就會發現其實是墓背加上上層墓區的墓道護欄約九十公分；換言之，執行面在認定上仍會通融，扣掉護欄高度，墓背仍然符合墳墓條例的高度限制。

當下就心有定見，九時一開會，立刻將實際勘查的結果向與會人員說明，業者其實應該都有遵守法律規範而不自知。用事實來化開業者誤解，立刻獲得業者的正面回應，就這樣無異議同意內政部所擬草案有關面積、高度的限制規定[6]。

二〇〇二年五月二十三日立法院內政委員會審查殯葬條例草案時，立委蔡家福與葉宜津，均就墓頂高度問題提出質詢，主張將限制修正為「一公尺八十公分」，筆者代表內政部列席備詢，特別提出說明，墓園本來就容易給人陰森的感覺，如果墓頂達一百八十公分，考量到一般女生的身高，視線必然受阻，心理上的壓迫感可想而知。政府殯葬改革的具體作為之一，就是墓地公園化、精緻化，希望積極打造「陰的社區總體營造」，將墓園變成美麗的玫瑰花園，提供賞心悅目的綠化空間；因此，我們希望大家走在墓園，能眼觀四面，心曠神怡。委員聽取說明後，也就不再反對[7]。

一公尺五十公分，是中央政府基於推定殯葬改革政策及兼顧個人心理、公共安全所劃定的一條紅線。但民俗有時存在很多的地方特性，因此，也不宜鐵板一塊，本條例特別容許地方因地制宜的空間，明定但因地方風俗或地質條件特殊報經直轄市、縣（市）主管機關核准者，不在此限。其墓頂最高不得超過地面二公尺。

其實，當年在臺灣進行殯葬改革，有兩股非常強大的阻力，一股來自殯

6 相關事蹟可參閱中央研究院臺灣史研究所的《口述歷史專刊6——災後十年》，頁602-604。

7 內政委員會審查本案時，不同於他法案，進行了一場非常理性而精采的詢答，甚值參考。立法院公報91卷50期3246號(上冊)頁121-180、3247號（下冊）頁253-285參照。

葬業者利益的衝突，一股來自根深蒂固的民間陋習。從法律社會學的研究，雖然法律可以控制社會行為，人民也可以透過立法加以教育；但這並非意味著，只要通過一項立法，就可以在一夜之間，造成國民價值觀的基本改變，或者把法律看作是魔術師神奇的魔棒，可以在轉瞬間，把社會普遍存在的生活陋習，徹底根除。要推動殯葬改革，最重要的前提，一定要進行庶民的「觀念革命」。在立法政策上，絕不能只用冷冰冰的數字，而是要有溫度，要想辦法用貼近人民感情的語言來說服。必須要交叉運用科學數據、成本計算，乃至借重神祕力量。

例如，平面草皮式墳墓或平面式骨灰骸存放設施的墓碑高度，民政司根據殯葬條例授權擬訂施行細則，原參照委託學者研究的成果報告，明定「不得高於地面二十四公分」。

草案送法規會審查，筆者主持會議[8]時特別取出預先準備的丁蘭尺[9]，提醒民政司要注意一下，民間對陰宅的設計非常重視吉凶，從二三・三公分一直到二七・二公分，正位於「離鄉」、「死別」、「退丁」、「失財」，也就是處於最不能接受的黑字「死」位。要不就往下壓縮到二三・三公分以下，才會出現「順科」、「橫才」、「進寶」、「富貴」的紅字「官」位；要不就

8 時筆者已調任內政部參事兼法規會執行祕書。

9 魯班尺分上下二部分，上半部曰「文公尺」，用於陽宅、神位、佛具尺寸，下半部曰「丁蘭尺」，用於陰宅、祖龕。

違規向上調整到二七・二公分以上，達到「登科」、「貴子」、「添丁」的吉「興」字。而依一般人民的法治概念，同樣要紅字，相信絕大部分都會「賭運氣」往上調高幾公分，而不會向下壓縮。

也就是說政府立一個法，結果是強迫大家都不願去遵守。二十四公分，本來就不是不能改變的鐵板一塊，拉高幾公分，對平面墓園的視覺不會有太大影響，就可解決民俗與規範的衝突，當即直接裁示，修正為「不得高於地面三十公分」。

法制小辭典

權限劃分

中央與地方權限如何劃分？學界雖建言盈庭，但始終無法有效解決實務的難題。地方制度法立法時原於第二十二條明定：「第十八條至第二十條之自治事項，涉及中央及相關地方自治團體之權限者，由內政部會商相關機關擬定施行綱要，報行政院核定。」論者樂觀指出，如能具體落實，很多技術上的障礙就可迎刃而解。

本法施行之初，內政部即曾數度邀集相關機關及地方政府代表研商，試圖擬訂該綱要；嗣後發現問題根源並不在於地制法本身，而是在於分布各專業法律的規定內容。若專業法律未修正，內政部縱使耗費大量時間、人力、物力，擬出「命令」位階的綱要，也不過形同拆解現行法規的磚石，在浮動的流沙上另行構築城堡，不僅徒勞無功，毫無意義，甚且將增加法規理解的重贅負擔。經內政部多年提案，期能刪除該條文，立法院終於二〇一四年一月十四日三讀通過，將第二十二條刪除。從一九九九年一月十五日三讀通過地制法，本條規定就像植物人一樣，整整躺了十五年。

其實，我國是單一制國家，就像法國、日本一樣，地方事權，本來就可以經由中央立法機關透過立法方式調整、分配。此即為憲法第一百十一條及地制法第七十七條第一項前段規定的本旨，於中央與地方間，權限遇有爭議時，由立法院院會議決之。但立法院議決時，也非漫無標準，仍須依事務性質採「均權理論」定其權責歸屬，也就是憲法第一百十一條所揭示的「有全國一致之性質者屬於中央，……有一縣之性質者屬於縣。」

有關中央與地方權限劃分的立法模式，早期最具典範性的，莫如二〇〇二年施行的《殯葬管理條例》。該法第三條突破性地就中央、直轄市、縣（市）與鄉（鎮、市）主管機關應行辦理事項的權限明確劃分。由於本法案是新創權責劃分的立法模式，在法制史上有重要的指標作用。行政院院長游錫堃於二〇〇二年五月一日行政院院會審議通過該法草案時，特裁示：「本草案……有助於釐清中央與地方權責，值得參採辦理，請各機關錄案作為研修（訂）各相關法規時的參考。」

本條例，例如殯葬設施與醫院、幼兒園、戶口繁盛地區……之間的隔離帶，究應如何規劃？是否劃定範圍實施骨灰拋灑或植存？得否利用路邊搭設棚架辦理喪事……？各地方地理條件、民情風俗不同，容有廣泛的因地制宜的必要。但對殯葬服務亂象的肅正、禮儀師證照制度的建立，或基於山坡地保育的需要或因土地資源的有效、循環利用，原則上則允由中央統一規範。

至於墓頂高度或墓基空間的限制，究竟是否應全國統一？本條例第二十七條規定：「……墓頂最高不得超過地面一公尺五十公分……。但因地方風俗或地質條件特殊報經直轄市、縣（市）主管機關核准者，不在此限。其墓頂最高不得超過地面二公尺。」

墓仔埔也敢去——禁止再授權

雖說人死為大，但如每一個人死後都要造大墓，恐怕幾年而後，國人就會面臨「死無葬身之地」的窘境。因此，節葬是政府不能不做的政策，中央透過法律將每一墓基面積，從過去的十六平方公尺，縮減為八平方公尺。這個政策對傳統造墓商（俗稱土公仔）的營收，難免造成衝擊，反彈之聲不斷；但法律沒有彈性規定，要如何授權給地方放寬空間？

問題的源起，還是要從殯葬改革談起。殯葬改革一方面要追求殯葬設施品質的提高，殯葬禮儀文化的端正，一方面對於殯葬用地需求也要有計畫地調整。臺灣曾被稱為「婆娑之洋中的蕞爾小島」福爾摩沙，不過區區三．六萬平方公里，適合人居的土地資源本來就很有限，偏偏國人又迷信風水，好山好水，到處是墳墓、納骨塔。

過去，《墳墓設置管理條例》規定，每個墳墓墓基十六平方公尺，如加計公共設施、墓道，一個墳墓土地總需求約為三十二平方公尺。國民平均一年死亡逾十二萬人，如果每個人都只求庇蔭子孫，注重自家風水，講究落葉歸根，全部採傳統的土葬，一年就得耗掉土葬面積近四百公頃（即相當於一個臺北市大同區）；據統計，迄至西元二〇〇〇年，合法的公墓至少已耗掉一萬公頃土地，相當於一個基隆市，這還不包括非法墓園與山野、農地上的私葬。如觀念不思改變，長此以往，國人豈不都將面臨「死無葬身之地」的窘境！

現代社會什麼都講「小而美、小而省」，各國墓基面積也有縮減的趨勢，如日本過去是四平方公尺，後來也減為一或二平方公尺。但不容否認地，部分傳統殯葬產業並未體認危機將至，繼續利用慎終追遠的儒家古訓，扭曲俗民敬天法祖的淳樸心理，不僅繼續炒作風水信仰，恣意破壞土地有限資源的合理利用；並透過幽冥世界的概念虛幻，大肆侵奪喪家的消費主權；復以先人意志無從測知任遭竄改，各種商業利益導向的殯葬行為，更對善良風俗的匡正，構成極負面的反作用力。而少數具社會影響力的人士，對固有墓塚豪宅的偏執，更間接對不當的風水觀念造成推波助瀾的效果[1]。

因此，內政部修法縮減墓基面積的倡議，打造不以死害生、促進殯葬設施環保化、永續化的政策導向，難免遭受來自傳統墳墓營造商的強烈反彈。《殯葬管理條例》於二〇〇二年七月十七日公布施行，八月間，政風單位即據線報，宜蘭縣壯圍鄉及員山鄉的傳統殯葬業者擬集結五百人，到行政院聯合辦公大樓灑冥紙抗議。由於殯葬業者性質、行為文化較為「特殊」，一些政治人物常認為隱含被沾上會帶「衰」，因此這樣的訊息引來府院高層首長的高度重視。

我既扮演改革推手的角色，職責所在，就自動向長官請命，願意親赴宜蘭溝通、化解爭議，與其數百人舟車勞頓，不如我一人辛苦一點。負責督導民政業務的次長簡太郎放心不下，覺得安全堪慮，恐有不宜。但不入虎穴，焉得虎子，經我再三陳請，在沒有任何警衛隨行的情形下，就按宜蘭縣政府連繫結果，匹馬單槍赴宜蘭員山第〇公墓[2]。

八月二十日上午約十時許抵達公墓，現場已集結上百位俗稱「土公仔」的殯葬業者，手持圓鍬、扁擔、鋤頭，或手捧金斗甕，顯然是有備而來。據

1 例如某大企業家為其亡妻築墓二百坪（相當六百平方公尺）；某大財團董事長更誇張，直接就透過關係變更地目，設置了五公頃的紀念墓園，號稱是風水寶地可庇蔭子孫六代，但一個人孤伶伶地「睡」了二公頃，又不能像秦始皇般有兵馬俑隨侍在側，想來真的令人鼻酸。

2 因係由縣府民政處同仁連繫、安排，究竟是第一公墓或第二公墓？已不復記憶，比較可能是第二公墓。

知也有縣議員與當地鄉民代表、村長，但我只認識其中一位帶頭的前立委廖風德先生*，因為廖委員是我就讀政治大學時服務性社團的指導老師，算來也是舊識，且曾有互動密切的師生情誼，特別非常親暱地前往致意，並緊緊挽著廖立委的手臂不放。這個動作，可以「狐假虎威」地避免被暗襲。

矗立眼前的是一間大門寫著「大德被骨骸墓穴清幽呈瑞氣，眾生興廟宇神祇赫濯庇靈魂」對聯的「大眾廟」，雖然在民俗上該廟收容眾多無主孤魂，屬陰廟，不宜亂拜，更不能有對價交易。但我仍趨前燃起三柱香，大聲說出來意與化解歧異的善意，不作任何「交易」，只誠摯邀請各方「好兄弟」見證個人的誠心。

時值農曆七月天，豔陽高照，熾熱異常，眾人都在樹蔭或屋簷下，但我仍小心翼翼地行走在雜草叢生、墳塚錯落凌亂有如亂葬崗的公墓間，拿出丁蘭尺，有模有樣地像民俗專家一般，一一丈量墓基大小，予以記錄。

這兩招對收攬、震懾庶民心理很管用，不僅讓業者深刻理解，遠來的這位「秀才」絕非他們所批評的，是「不拿香」的、數典忘祖沒神明信仰的；也讓他們認同，我和他們一樣，所作所為都有民俗專業的依據，絕非空嘴嚼舌。

當然，部分業者仍未輕易信服，有一位業者眼見媒體記者、攝影機在場，就抱來一個預先準備好的金斗甕，冷不防從中拿出一顆頭顱骷髏，宣稱

✻機緣與巧合

廖風德立委於二〇〇八年國民黨重新執政時，本已被內定為內政部部長，惜因登山身體不適，英年猝逝。至二〇一五年，我因籌辦嘉義縣私立協同中學畢業四十周年同學會，始知廖立委遺孀郭芳美女士，竟是啟蒙我甚深的歷史老師；而郭老師應邀蒞臨寒舍時，經其介紹，進一步知道她也是我的鄰居（知名藝人陶晶瑩）中山女高的導師。多層機緣與巧合，人生際遇串連，還真奇妙。據郭老師敘述過去與陶子的一段情緣：陶晶瑩高二時曾得過全國演講比賽冠軍，又是合唱團指揮，本來要代表畢業生致詞，彩排那天，校長竟以其成績不是全班前三名為由，在師生面前直白地取消她代表致詞的資格。陶子哭著跑回教室，郭老師問明原委後，立刻衝到校長室與校長理論，不應該這樣傷害孩子，並告訴校長，這位學生過去參加各種藝文競賽，為學校爭取榮譽，功課上確實受到影響，但高三後，全力衝刺，第一次模擬考四百名，第二次就考到一百名以內，這是值得鼓勵的。校長最後接受了郭老師的意見，讓陶子代表該屆畢業生致詞。後來，陶子考上政大新聞系，因雙重關係，每次碰到我，都叫我「學長」。

要請願。

對這突如其來的舉動，心裡確實稍微震顫了一下，但表面上仍故作鎮靜，伸出雙手去接住骷髏，表示：「現場有媒體大哥在，我們是不是稍停一下，擺個姿勢，讓媒體取鏡頭。」等媒體拍照完，畢恭畢敬地將骷髏放回金斗甕，雙手合十默念：「讓您無辜受打擾，實在真歹勢，現在將您頭殼歸回原處，祈求一切平安。」

經這一段過程，原來劍拔弩張的氣氛，頓時平復下來。一位年紀較大的業者代表大家開口了：「不是我們不願意配合政府政策，但是這關係著大家的生計，政府也不能完全不顧。」

我回說：「政府任何決定，一定都會兼顧到大家的生活，就算要改革、要轉型，也會給大家一個過渡期。今天小弟以內政部民政司長的身分親自來，就是代表部長來和大家商討解決的辦法[3]。」

本來，有位鄉民代表與幾位業者想進一步發言，我隨即表示，站在這邊這麼燠熱，不是討論議案的地方。徵得大家同意後，推派三十位代表，專車到距此約十來分車程的舊縣政府會議室討論。在冷氣房內，又事先請縣府同仁準備四菓剉冰，大家火氣全消，討論的氣氛果然非常和諧。

3 據說，這樣的偏鄉還是第一次有「這麼大」的中央「官虎」造訪，而且願意在七月開鬼門，遠從臺北到這樣被認為很「陰」的墓仔埔。事後宜蘭承辦同仁轉述，其實鄉民都蠻感動的，見面三分情，本來很大的怒氣，在我到達的時候已消了大半。

最後大家達到一個共識，我當場裁示，一方面中央推動殯葬改革的政策方向不變，但一方面也關切到部分縣市仍有既存未規劃墓區及墓基的公墓，應該讓地方政府自主決定有個緩衝的空間。雖然，法律沒有明文授權，但為展現政府兼顧傳統業者權益的誠意，內政部願意盡一切努力突破法制限制，於不須修法的前提下，想辦法在施行細則中授權地方政府能訂定自治法規，從寬處理。

有業者軟土深掘，又進一步提出要求，能否將墓基放寬，可以超過十六平方公尺？我毫不考慮地當場回絕，表示：「舊有的《墳墓設置管理條例》本來規定的墓基限制，就已經是十六平方公尺，因此，最多只能維持現狀，不可能倒退嚕；很對不住，這個要求絕不可能。」最後業者也不再堅持，一場風雨終告圓滿落幕。

翌日，向簡次長報告協調結果，獲得認可，於是便開始著手擬訂施行細則。

然而，在內政部及行政院法規會的審查過程中，並不是非常順利，法務部代表即多次表示，第十九條規定違反「禁止再授權」原則。於草案送法規會審查時，我已調任內政部參事兼法規會執行祕書，並負責主持審查會。

我主張，就地方自治的理論而言，地方自治團體因具有比較廣泛的、管理自己內部事務的普遍的權力，自治團體在自主權範圍內，為管理自治事務所訂定的法規範，其權源是直接來自於憲法的賦予，或透過憲法授權制定地方自治基本法律（如我國地方制度法）間接取得合憲地位，無待另有專業法律的授權。

地方制度法第二十五條明定「直轄市、縣（市）、鄉（鎮、市）得就其自治事項或依法律及上級法規之授權，制定自治法規」，即明揭自治立法的權源，不僅可直接依地方制度法的概括授權，也來自於各專業法律、法規命令的具體授權。由此可推導出，地方自治團體就自治事項本來就擁有自主立法權，法律或中央法規所謂的授權，其實並不是「真正的授權」，充其量僅屬立法者對地方自治團體自治事項的宣示性確認作用。因此，所謂「無法律明文禁止再授權」的原則，應不適用於中央法規授權訂定自治法規的情形。

最後，行政院法規會即照內政部所擬條文通過，並於二〇〇三年七月三十一日發布施行。

宜蘭縣政府旋即依施行細則第十九條的授權，擬訂《傳統公墓管理自治條例》草案，經議會三讀通過，於二〇〇四年六月二十八日公布施行。其第四條規定：「傳統公墓之墓基面積限制，每一墓基面積最大不得超過十六平方公尺，墓頂至高不得超過地面一公尺五十公分。」其他縣市也相繼制定或配合修正相關法規，如桃園縣於二〇〇七年一月八日公布《殯葬管理自治條例》第十三條修正案，明定：「殯葬管理條例施行前，經核准既存未規劃墓區及墓基之公墓，其每一墓基面積不得超過十六平方公尺。但兩棺以上合葬者，每增加一棺，墓基得放寬十平方公尺。」

這就是施行細則第十九條第二項規定產生的整個來龍去脈。其實，法制上應釐清的問題，並不在於是否違反再授權原則，而是《殯葬管理條例》第二十六條第一項明定每一墓基面積不得超過八平方公尺，而依第二項規定，直轄市、縣（市）主管機關為節約土地利用，也只能考量實際需要酌減面積。法律這樣的明文限制，能否以法規命令從寬處理？

不過，與會人員並沒有人提出質疑，實務上地方政府、相關業者也都支持。正如梁實秋先生所謂「人生貴適意，蠹魚求一飽。兩俱相忘，何必戚戚？」法律人應有所為，有所不為，如果在不危害國計民生的情形下，能順利解決問題，法制上的堅持何妨擱置不論。

法制小辭典 禁止再授權

我國行政程序法雖然沒有像德國基本法第八十條第一項第二款的規定一樣，明白承認「再授權禁止原則」，但前大法官陳新民從釋字第五二四號解釋文第一段的用語：「……倘法律並無轉委任之授權，該機關即不得委由其所屬機關逕行發布相關規章。」推導出司法院大法官對「再授權」的態度，確定了兩個原則：

第一個原則為再授權須有法律的明確依據；第二個原則為在有法律明確規定下，方得將應由法規命令規範的事項，轉授權由下級機關以行政規則來制定，亦即「上位階法規轉為下位階法規必須由法律規定」的原則。

無法律明確規定不得以法規命令再授權，不僅為學理上的通見，也為法制行政實務所奉行。而此一通說對高度技術性或科技性的規範，也造成很多實務上的爭議與訟爭，部分機關轉而運用「附表」的方式，結合為法規命定的一部分，以解決法制上的難題。例如依《國土測繪法》第七條第三項規定訂定的《基本測量實施規則》，僅大致明定基本控制測量及加密控制測量的各種方法，至於較進一步精度的實施規範，則共臚列十二個附表。

然而，實務上仍無法完全避免再授權，例如建築技術日新月異，且多非條文文字所能描述，依《建築法》第九十七條規定訂定的《建築技術規則總則編》第五條即規定：「本規則由中央主管建築機關於發布後隨時檢討修正及統一解釋，必要時得以圖例補充規定之。」過去中央營建主管機關都以另行編製專冊圖例方式，作為建築設計施工準據，迭受指摘缺乏規範法效；後來就在《建築技術規則建築設計施工編》，按各條需要分別繪製二十五個補充圖例，以「附加檔案」方式掛在全國法規資料庫的建築設計施工編下，藉此緩和違反再授權禁止原則的疑義。

惟值得注意的是，一般所稱的禁止再授權，是指轉授權「下級機關」以行政規則來制定，或上位階法規轉為下位階法規。問題在於地方自治團體與中央的關係，並非釋字第五二四號解釋所稱的「所屬機關」，如無法律的「指令」，而直接在中央的法規命令中授權地方訂定自治法規，是否有此所謂的禁止再授權原則的適用？

這個問題的討論，最早出現在二〇〇三年七月三十一日發布施行的《殯葬管理條例施行細則》第十九條第二項。該項規定：「既存未規劃墓區及墓基之公墓，直轄市、縣（市）主管機關得於自治法規另定墓基面積之限制。但面積不得超過十六平方公尺。」

本來依《殯葬管理條例》第二十六條第一項明定：「公墓內應依地形劃分墓區，每區內劃定若干墓基，編定墓基號次，每一墓基面積不得超過八平方公尺。但二棺以上合葬者，每增加一棺，墓基得放寬四平方公尺。其屬埋藏骨灰者，每一骨灰盒（罐）用地面積不得超過零點三六平方公尺。」第二項則規定：「直轄市、縣（市）主管機關為節約土地利用，得考量實際需要，酌減前項面積。」

換言之，八平方公尺是法律就墓基大小所定的最高限制，地方政府只能酌減，不能增大，例如公立公墓的墓基都為六平方公尺[4]。法律並沒有授權法規命令得再授權訂定自治法規另定墓基面積的限制，概括授權訂定的施行細則第十九條是否違反禁止再授權原則？

4 在上一篇夜宿墓仔埔的研商會議上，究竟墓基應該縮減多少，也是爭議的重點。我告訴大家，這個是死人要住的，不是給活人用的，應該要問使用者。我當即用銅板請益。「他們」給的答案是：「躺在這邊又不能翻身、攬邊，要那麼大做什麼，六平方公尺就夠用了。」

小龍女搶親——組織自主權

有關樹木保護的業務，各地方政府絕大部分都由農業局或城鄉發展局、工務局管轄，唯獨臺北市一直都歸文化局主管。柯文哲於二〇一四年選前覺得「怪怪的」，就任後就統一改由工務局全權負責。業務管轄如何分配，固然是屬於地方政府組織自主權的一部分，但為什麼臺北市會把它交給似乎不相干的文化局？

地方制度法施行後，宜蘭縣以環保治縣，首開風氣之先，在前縣長游錫堃的推動下，於二〇〇〇年二月二十九日制定《樹木保護自治條例》。緊接著，臺北縣政府也由法制室於同年三月間舉行座談會，邀集相關領域的學者專家（包括《自由時報》一位長期關切綠色環保的記者）徵詢意見，再會同農業局草擬自治條例草案，並於五月三日召開法規審查會，一部最具強制力的自治條例草案終於出爐，經縣務會議通過後送議會審議，十二月間三讀通過公布施行。

迄今全臺已有十六個直轄市、縣（市）定有類似自治條例。其名稱，除一般的《樹木保護自治條例》外，有名為《珍貴樹木保護自治條例》（臺南市）、《樹木保育自治條例》（南投縣）、《特定紀念樹木保護自治條例》（高雄市）、《樹木及綠資源保護自治條例》（新竹市）……等，不一而足。其保護的客體，則都包含珍貴樹木、達一定樹齡的老樹、行道樹等。

主管機關或主辦單位，一般都從專業上考量，由農業局（如宜蘭縣、前臺北縣二〇〇〇、新北市、臺中市二〇一三、高雄市二〇一二、桃園市[1]）或農業發展處（花蓮縣二〇〇一）主政；有從都會景觀建設著眼，由建設局（臺南市二〇〇五）或產業發展局（基隆市二〇〇八、新竹市二〇〇一）主辦；或依樹木所在用地，分由各主管局處各自管理（如南投縣二〇〇四[2]）。

較特殊而常令人費解的是，臺北市的樹木保護業務歸文化局主政。臺北市政府為何是由文化局主政？關係著當年一段臺北縣、市較勁的恩怨情仇。

1 桃園市原來也擬由農業局主政，制定《樹木保護自治條例》，嗣因《森林法》修正案公布施行而中止。

2 《南投縣樹木保育自治條例》分管規定如下：行道樹：縣道由工務處管理；公共園區樹木：社區由社會處管理、國宅及公園由建設處管理、學校由教育處管理、風景區由觀光處管理、公有公墓由各該鄉（鎮、市）公所管理、垃圾場由環境保護局管理；珍貴樹木：由農業處管理。

長久以來，我國財政分配制度設計，縣市政府一直被矮化，連帶地縣市居民的權益配置也遭歧視。蘇貞昌擔任改制前的臺北縣縣長，即經常表示嚴重不滿，同樣是國民，為何隔一條淡水河，待遇竟直如天壤？因此念茲在茲，就是如何以有限的資源，創造最大的可能。各局室主管莫不用赤腳打拼的精神，希望建構臺北縣民的尊榮感。

適逢二〇〇〇年間，臺灣高等法院擬於貴陽街興建第二辦公大廈，但在計畫用地上有近百棵綠意盎然的老榕樹，如悉數砍除，必遭致環保人士強烈抗議。高院院長為此傷神不已，特函詢臨近幾個縣、市政府有無接收意願。用地所在、資源也最豐富的臺北市政府收到公文後，沒當一回事，就直接將公文存查，未加理會。反而是「境外的」臺北縣蘇貞昌縣長得知訊息後如獲至寶，立刻責由該府農業局儘速辦理，農業局局長不僅「私下」派員現場履勘，還在轄區內尋覓適當移植地點，經選定林口婦幼公園等地後，即擬具移植細部計畫。並由局長親自拜訪高院書記官長呂永福，表達高度意願。

高院院長大悅，當即同意無條件贈予臺北縣，並提供各項移植配合作業。為避免影響博愛特區附近上班車流，臺北縣政府特選定良辰吉日（二〇〇〇年五月六日星期六[3]），以辦喜事心情，十幾部大卡車、吊車，連同

3 也就是縣府法規會審查通過自治條例草案的當週。

農業專家、園藝專業人員，有如花轎與迎親隊伍，綿延數百公尺，敲鑼打鼓跨過淡水河，前進臺北市迎親。

被人侵門踏戶，搶走近百株綠色資源，這還得了，此舉驚動了臺北市府高層。市府文化局前局長龍應台聞訊，匆匆連繫幾位臺大教授一同趕到現場，意圖「搶親」。龍局長質疑臺北縣草率移植，缺乏專業能力；縣府主管即出示移植計畫，詳為解說，表示一定會好好善待這些老樹。只見縣府農業局植物專家已將老樹斷根、包覆，為移植做好準備，甚至部分老樹已吊上卡車待命。

木已成舟，龍局長見大勢已去。為挽回顏面，乃當著媒體的面宣示，臺北市政府要盡速制定樹木保護自治條例，保護臺北市的珍貴綠色資源，不再被任意移植、破壞。

對於能順利迎接從臺北市移植過來的近百棵樹齡都逾百年的老樹，縣長蘇貞昌興奮之情溢於言表，在五月九日的縣務會議上，還特別調侃臺北市政府一番：「姑娘都已決定上花轎了，才突然發現人家的好，要趕來搶婚，太晚了啦！」「臺北市政府決定加速通過保護樹木自治條例，讓市府有審核權，這就像是兒女雖已成年，不過還得要父母同意才行，不能隨便與人私奔。」

其實，臺北市並非沒有保護珍貴老樹的概念，早在一九九九年間，轄內景美國小有兩棵被稱為「老夫老妻樹」的百年金龜樹生重病，校長傅金匙十分心疼，透過市議員厲耿桂芳協調市政府協助，從新竹請來「樹醫生」救活老樹。嗣後，同樣在景美區，又有一株老樹因開拓馬路面臨被遷移的命運，最後也由文化局出面協調，道路特別為老樹繞了個彎。

為何是由文化局出面協調？主要是因《文化資產保存法》規定，文化資產包括「珍貴稀有植物」，所以對於逾一定樹齡具有區域人文特質的老樹，即被認定屬珍稀植物。

但樹木保護自治條例所要規範的保護客體，並不僅限於珍稀植物，也擴及行道樹、各公共區域樹木、未必珍稀的老樹。因此，當龍局長宣示臺北市政府要加速推動立法，臺北市並無農業主管機關，工務局又表示只負責公園樹木、行道樹，各單位極力互相「禮讓」，不得已文化局只好自己承受為業務主管機關。議會終於二〇〇二年十月二十六日凌晨三時，在議員疲累不堪的情況下，三讀通過文化局所擬具的《樹木保護自治條例》。

臺北市文化局就這樣主管了樹木保護業務十餘年，直到市長柯文哲於二

○一四年選前才覺得「怪怪的」，就任後於二○一五年一月六日召開「受保護樹木業務移交專案報告」後，決定將老樹認定、維護列管等文化局轄下的業務，統一交由工務局全權負責。

《樹木保護自治條例》可謂是出現最早、表現最亮眼的自治立法，也是最足以體現地方組織自主權的代表作之一。但遺憾的是，二○一五年七月一日公布施行的《森林法》，因立法委員提案，增訂第五章之一「樹木保護」專章，明定「地方主管機關應對轄區內樹木進行普查，具有生態、生物、地理、景觀、文化、歷史、教育、研究、社區及其他重要意義之群生竹木、行道樹或單株樹木，經地方主管機關認定為受保護樹木，應予造冊並公告之。」（第三十八之二條）不僅將現行各地方政府自治條例所保護的樹木全部納入規範，且罰則都遠高於自治條例。以全國一致標準，取代因地制宜權能，各地方自治法規因法規競合而幾無適用餘地；僅存業務管轄分配與執行細節的釐訂。而其立法理由即因為「應保護之樹木認定標準、罰則等並不一致，將由中央主管機關訂定統一標準」，地方只能依當地環境，訂定執行規範。此再度印證了一個事實：中央如缺乏對自治發展的認識，將嚴重壓縮自治立法的空間。

法制小辭典 **組織自主權**

地方自治團體享有組織自主權，為大法官釋字第四六七號解釋所明示。所謂組織自主權，是指在憲法及法律規範的前提下，地方自治團體是否設置特定機關與其組織型態、內部或外部組織、職掌分派、職位與員額配置、事務處理程序等，得視各該自治團體轄區廣狹、人口多寡、社會結構繁簡、公共事務質量及其他情形，由該自治團體自行決定的權限（大法官釋字第五二七號解釋參照）。

偷懶的母豬——財政自主權

錢非萬能，沒錢卻萬萬不能。

財政是否充足、能否自主？可以說是地方自治的血脈，每年一度的統籌分配稅款分配作業，地方諸侯無不卯勁爭取。但中央每次想公平調整，都遭遇到北高兩市的強勢抗拒。陳水扁在臺北市長任內就曾多次高分貝，爭取維持分配比率不變，但政黨輪替，陳水扁總統上任後，卻甘冒「背叛」臺北市民的批評，很有魄力地砍了直轄市四個百分點統籌分配稅款。

據說，是受到一隻母豬提供的啟示。

統籌分配款分配的法定公式，原是立法院於一九九九年一月十三日凌晨二時四十分通過的《財政收支劃分法》修正案增訂第十六條之一明定「……

稅課統籌分配部分，應本透明化及公式化原則分配之；受分配地方政府就分得部分，應列為當年度稅課收入。」（第一項）「稅課由中央統籌分配直轄市、縣（市）及鄉（鎮、市）之款項，其分配辦法應依下列各款之規定，由財政部洽商中央主計機關及受分配地方政府後擬訂，報請行政院核定。」（第二項）

財政部即依據法律授權，於同年六月三十日訂定發布《中央統籌分配稅款分配辦法》。理論上，地方財源應有較穩定、透明與客觀的定式，但一者因辦法甫施行，實際運作上尚待磨合；二者，其中仍有諸多行政調整的操作空間與巧門，縣市政府仍心存疑慮。

尤其，辦法施行伊始，地方政府總負債已逾千億。地方首長最直接的反應不是想辦法開源節流，而仍然是向中央爭取、討價還價。

二〇〇〇年七月七日行政院前院長唐飛在立法院答詢時宣稱，九十年度的統籌分配稅款，傾向於仍維持北高二市四七%，縣市三五%，鄉鎮市一二%，縣市不足部分則由補助款補足。此論一出，引起縣市首長極度不滿，七月十日臺北縣長蘇貞昌乃會同臺中、高雄等二十一位縣市首長親赴行政院拜會唐飛，要求中央統籌分配稅款一切歸零、重新洗牌。在縣市首長的強烈反彈下，行政院承諾將重新考量中央統籌稅款分配制度。

不僅縣市集結搶食直轄市視為囊中物的財政大餅，北高兩直轄市間，也存有芥蒂，高雄市長謝長廷十七日強調，高雄市不會讓步，大家把焦點放在「城鄉差距」追求合理化之餘，更應關切南北平衡問題，若民進黨政府未實現對高雄市的南北平衡承諾，即形同「徒託空言」。國民黨籍的臺北市議會議長吳碧珠則在同一天代表議會發表正面聲明，表示為了行政院、直轄市和各縣市能獲得三贏，行政院應維持原定比率，並增加對各縣市政府的補助款，俾免激化相互之間的對立，損及夥伴關係。

在群雄卯足勁道、逐鹿角力下，行政院於十九日對統籌分配稅款拍板定案，北高二市所能分配比率自四七％降為四三％，其他縣市則自三五％調升為三九％，鄉鎮市則維持一二％的比例，另行政院保留六％作為緊急調度之用。此案一出爐，各地方首長幾無人滿意。尤其，依新的比例，臺北市歲入將減少近五十億元，市長馬英九即發表嚴正聲明，指此項決定是政治惡鬥的結果，使得「元首失信、內閣失策、人民失和、議題失焦」，平白犧牲北、高兩市市民原有的權益。

臺灣長久以來中央集權，採「重直轄市，輕縣市，不理鄉鎮市」的財政分配模式，因精省後縣市地位的提升，過去的行政實務，確實必須因應政治結構調整與地方制度法的施行，改弦更張。但畢竟小麥（稅入）就那麼多，能做出來的餅就那麼大，行政院不論如何分配，都無法令各方服氣。

尤其，陳水扁在臺北市長任內也多次高分貝，爭取維持四七％的分配比率不變。陳水扁為何敢甘冒背叛臺北市民的批評，大氣魄地調整這四％？據說，是受到一隻母豬提供的啟示。

話說蘇貞昌率二十一縣市赴行政院集體「搶錢」，上任不到兩個月的陳水扁也不堪困擾。翌（十一）日，陳總統即「微服」出巡，走訪基層，來到桃園平鎮市十大農家青年莊玉輝經營的「福林畜牧場」，總統換穿雨鞋和塑膠腳套，實地瞭解參觀黑毛豬飼養情形。

陳水扁詢問，為何母豬比公豬瘦？飼主莊玉輝答稱，母豬餵仔豬時，將奶水及營養全部給了小豬，所以母豬比較瘦，但母愛很偉大，因為母豬把小豬養得都一樣大。言談間，又正好看到母豬躺在地上，眾小豬吸吮奶頭的「溫馨」畫面。

陳水扁有感而發，就以瘦母豬、肥公豬及餵養仔豬的例子，比喻中央政府統籌分配款的態度，就像母豬對待小豬一樣，一定會公平對待、餵哺各地方自治團體，絕對沒有「大小目」之分。

誠如自然學家哈德森（William Henry Hudson）在他廣受讚譽的《自然學者之書》（*Book of a Naturalist*）所描述：「一般而言，我對豬很有好感，我認為包括大象和類似人猿的所有動物裡，豬是最聰明的，我也欣賞豬對包括人類在內的其他動物的態度，豬一點也不猜疑，也像馬、牛和羊般地絕對服從。豬不像山羊許多事漠不在乎，也不像鵝般對任何人都有敵意，或如貓降格相從的架式，或如狗般取悅主人。豬以近乎民主的角度視我等為同儕或手足，並且認為我們當然瞭解牠的語言，沒有任何尊卑或不敬，豬給人一種自然、愉快和大家都是同志的感覺。」

陳總統對母豬的評價與感言，自是令人愉悅。其談話，一定佔據媒體的重要版面；更何況，這個發現就如「蔣中正發現魚兒力爭上游」般的偉大*，很難不吸引我的注意。但也許總統天賦異稟，所見、所思、所感會異於一般凡夫俗子。我也是農家子弟，從小經常趴在豬圈旁看媽媽餵豬，理解與感受就與陳總統不同。

母豬奶頭分布在腹部中線的兩側，一般都有八至十六個奶包，每個奶包都有兩片乳腺區；所有乳腺區都是獨立存在的，相互不連通，基本上每個奶頭的奶水量應該是相同的。但一來因為一般只有十二個奶頭發育較完整，而母豬又屬多胎生動物，常一生就超過十二頭仔豬，最高紀錄雲林有一養豬場的母豬，甚至一胎生了三十二頭。因此，不一定每頭豬仔都可咬到奶頭。

母豬只是很慵懶地在豬圈裡閒晃，累的時候就隨意趴在地上；吃奶的時間到了，眾豬仔就爭先恐後，簇擁而上，搶咬奶頭。搶不到的，也死命往裡擠，嗷嗷直叫。同胎不同命，母豬絕不會發號排序列隊給奶，強者愈強，也愈能搶；弱者愈弱，也愈萎縮；不管親情、莫道兄弟，母豬只任由眾豬仔彼此踐踏、自由爭奪乳頭；哪一隻吃到？哪一隻沒吃到？母豬從不過問，也懶得理會。能搶到奶頭的，永遠就是最強、最狠的那幾隻；其他弱勢的，就只

✻逆流而上的啓示

八〇年代以前，小學國語課本有一課關於蔣中正先生的記述，提到有一次他在溪流旁看魚兒游來游去，忽然發現魚兒都不順水往下游去，反而拼命用力往上游。這樣的景象讓他非常感動，想想小魚兒都知道要力爭上游，更何況是人呢？於是他便在心中立下志願，將來一定要努力向前不畏縮，不管有任何艱難困苦。果然他日後終於成為一名舉世聞名的將軍領袖。

有乾瞪眼的份，甚至不小心還可能被踩死。

當時農村社會普遍貧窮，三餐就是「番薯籤」飯配鹹魚、「菜卜」（蘿蔔乾）或自家種的菜，能夠煎個荷包蛋已算奢侈，釣來放在甕裡的水蛙或偶而抓到的田鼠，算是肉類的重要來源；大概只能逢年過節才能看到豬肉、雞肉。面對夭折的豬仔哪捨得丟棄，可是私宰是犯法的，媽媽就把門關得緊緊的，交代小孩子把風，當天就加菜了。

我特別將自己一個門外漢「未必正確」的觀察與體會，寫成文章，以「偷懶的母豬，叢林法則的公平」為題，發表在七月十七日《聯合報》的「民意論壇」。大意如下：

母豬的「公平」似不需置疑，但據觀察，母豬的公平，事實上是一種消極的接受「叢林法則」的公平，而不是積極地、負責任地讓每一隻小豬均霑奶水的公平。長期以來，中央政府分配財政資源的態度，真的就和母豬沒有兩樣。在母豬消極不作為的無奈下，假如所有豬仔都能「溫良恭儉讓」，真誠地體諒到：大家在同一個大家庭內，盡同樣的義務，分擔同樣的責任，也分享同樣的權利，分配同樣的利益，母豬當然可以無為而天下治。

遺憾的是，因制度設計的不當，偏偏又造就了一頭「九頭怪豬仔兒」，始終霸住最有奶水的幾個乳頭不放，一直本位地、自私地強調自己的優越地位，完全無視其他嗷嗷待哺的同胞兄弟姊妹。

由於中央的不負責任，造成富者愈富，窮者恆窮，縣市政府一直被矮化，縣市居民長期被歧視。去年，《財政收支劃分法》的全盤修正，原是各縣市期待於中央調整「重直轄市，輕縣市」的畸形心態，還縣市居民公道的寄託所在。然而這一卑微的期待，也在中央「遷就現實、敷衍塞責」的心態下，化成泡影，一切回歸原點。今年歷史重演，縣市政府集體抗議依舊，臺北市「唯我獨優」的自我保護態度依舊，地方衝突依舊，而新政府的思維與應對，竟然也依舊，又要以「今年已來不及」為藉口，能拖過一年算一年，仍然不能展現徹底解決問題的決心、魄力與作為。

我們完全理解國家資源的侷限與父母分產的為難，但不負責任與搖擺不定的政策，只會衍生更大的衝突與緊張。因此我們期許新政府，不應承襲過去消極的母豬的偷懶心態；而應該負責地、公平地分配有限的奶水。新政府不應一味強調歷史的錯誤，讓極不合理的差別待遇，成為弱勢族群永不能翻身的宿命；而應積極擬定所有解消差別待遇的措施，讓每一個國民在法律上應享的實質平等，不會因為出生地、戶籍地或居住地的不同，而受到不同等的對待。

當日下午，蘇縣長把我叫到辦公室，笑著說：「阿扁講，他有看到你的那篇文章。」我問：「反應怎麼樣？有沒有生氣？」縣長回說：「他沒說什麼，只是抿抿笑一下。」這一笑，是什麼意思不得而知。但時間巧合地，兩天後行政院確實非常負責任而有擔當地，砍了直轄市四個百分點的統籌分配稅款，分配給縣市。

別小看四％，增減之間就是一百億，這對年分配總計不過七百億的各縣市來說，確實不無小補，以改制前的臺北縣為例，當時普通統籌分配款年分配數約八十億，因從新調整，增加近二十億，也就是二五％，對節衣縮食、錙銖必較的縣政府來說，絕對是很補的營養。

法制小辭典

財政自主權

財政自主權是指地方自治團體為支應自身提供地方公共服務所需經費，而得自行籌措必要財源，並予自主管理的權限。「財政」為庶政之母，公共事務的實施與建設有賴於財政的挹注，地方財政可謂是自治團體最重要的物質基礎，是地方自治的血脈與核心內容，財政狀況的良窳，直接就影響到施政能力的強弱；「自有財源」的重要性，不言可喻；而充足的自有財源，又是地方「財政自主」的關鍵。

「地方財政」來源，除自主租稅與規費收入外，主要就是來自於統籌分配稅款與補助款。對於各級地方政府財政收入垂直失衡與同級政府間水平失衡，兩者均具有平衡的功能。但其精神有很大不同，「補助款」是由上級政府評比地方的需求或施政績效後，從總預算的補助支出項目中發給地方的財政經費，上級政府通常有很大的裁量權（尤其是計畫型補助），對地方而言，常常流於恩給、施惠。至於統籌分配款則是由中央政府依法收取後，強制分配給地方自治團體的國稅，屬地方自治團體的應得權利，分配多寡有法定的公式、比例。

消失的十公尺——自主立法權

各地方政府對於電子遊戲場業的設置，都透過自主立法權，制定自治法規，明定須與學校、醫院維持一定距離的「隔離帶」，二〇一六年大法官釋字第七三八號解釋列舉了各縣市的規定，有一千公尺、八百公尺、三百公尺、二百公尺，不一而足。好歹都是「整數」，有趣的是，為什麼新北市卻規定九百九十公尺，而不是一千公尺？這消失的十公尺哪裡去了？大法官也不知所以然。

從陳水扁擔任臺北市市長（一九九四～一九九八）期間，以及一九九九年蘇貞昌主政的臺北縣政府擬訂定《電子遊藝場業管理辦法》草案開始，中央主管機關經濟部、相關業者與各地方政府認知上的衝突，就不曾間斷。

依中央所定《電子遊戲場業管理條例》，其第九條規定：「電子遊戲場業之營業場所，應距離國民中、小學、高中、職校、醫院五十公尺以上。」但各地方自治團體仍多另定相關自治法規，採較嚴格規範的空間，究竟有無牴觸中央法律？

纏訟十五年，二〇一六年六月二十四日司法院大法官作出釋字第七三八號解釋，明揭電玩條例所規定的五十公尺隔離帶，可認係法律為保留地方因地制宜空間所設之最低標準，並未禁止直轄市、縣（市）以自治條例為應保持更長距離之規範。故自治法規較嚴格的規定，尚難謂與中央與地方權限劃分原則有違，其對人民營業自由增加的限制，亦未逾越地方制度法概括授權的範圍，從而未牴觸法律保留原則。

釋字第七三八號解釋的出爐，對本問題終於作出「妥協性」的裁示，一方面認為各地方自治法規所定的「營業隔離帶」距離高於中央法律，並未違反憲法有關中央與地方權限劃分原則。但另一方面，又耐人尋味地指出：「各地方自治團體就電子遊戲場業營業場所距離限制之規定，允宜配合客觀環境及規範效果之變遷，隨時檢討而為合理之調整，以免產生實質阻絕之效果。」作為如前副院長蘇永欽協同意見書所稱的「違憲底限的警告」，促請有能動性的相關機關提高憲法警覺，課以適時檢討的義務。

而各地方政府有關「隔離帶」的距離，各有參差，如臺北市、臺南市與花蓮縣規定一千公尺、桃園縣與澎湖縣規定八百公尺、臺中市與南投縣規定限制級三百公尺、普通級二百公尺等，不一而足。此現象固如七三八號解釋理由書中所稱「各直轄市、縣（市）之人口密度、社區分布差異甚大，且常處於變動中」，而屬地方空間規劃自主權的範疇。但耐人尋味的是，各縣市好歹都是「整數」，新北市的規定卻是九百九十公尺，為何不是一千公尺？

更有趣的是，臺北縣於二〇〇六年制定的《電子遊戲場業設置自治條例》明定的九百九十公尺，二〇一〇年十二月二十五日改制為直轄市後，依地制法第八十七條之二規定，原自治條例僅能繼續適用二年，惟迄至二〇一二年十二月二十四日市議會並未通過新的自治條例，市政會議倉促於同月二十五日通過《新北市電子遊戲場業設置辦法》，並當天公告生效。依辦法規定，其隔離帶仍然維持九百九十公尺。

這消失的十公尺，是不可變的魔咒？標新立異？還是土地測量上誤差值預設的實務需求？或另有其他事由？在此就以當年擔任臺北縣政府法制室主任，實際參與的經歷，揭示這一段有趣的法制過程。

陳水扁在市長任內，轄內僅存十一家電子遊戲場業，都是一九九七年以前合法取得證照的，陳水扁一方面大力掃蕩違規電玩業，一方面不准再核發執照，其作為頗得家長團體認同。一九九七年蘇貞昌當選臺北縣縣長，即師法陳水扁，並進一步訂出「不准新設、監督合法、清剿非法」的管理原則，凍結新發證照；對於原本就合法經營的三十四家業者，如有違規也採取重罰，甚至吊銷執照；對非法業者則依《建築法》及《都市計畫法》規定，連續重罰，並予斷水斷電。

雙北管理策略雖類似，法制面卻截然不同。臺北市是依《都市計畫法》第八十五條授權訂定的施行細則，於一九九七年據以修訂「土地使用分區管制規則」，要求電動玩具店只能設置在距離學校、醫院一千公尺以外的商業區。藉此，完全斷絕申設電玩場所的空間。

然而，依當時臺灣省政府所訂的《都市計畫法臺灣省施行細則》，臺北縣並無自主訂定土地使用分區管制規則的權限。因此，要以一千公尺的隔離帶達到「不准新設」的目標，其實並無任何法源基礎，只能依據政策。「啊我縣長啦，不准，要不是要怎樣！」業者無論透過何種管道，包括議員檯面下的說項或正式議事的施壓、預算杯葛，蘇縣長意志絲毫未曾動搖，將申請案擱置不理或逕予否准。

電玩業者向臺灣省政府提起訴願，臺北縣政府行政處分二度被撤銷，省訴願會主要理由乃認為經濟部於一九九七年依職權訂定的《電子遊藝場業輔導管理規則》，僅規定在某些條件下可限制家數，但並非不能申設，縣府作為無異變相全面封殺，其合法性備受質疑。另監察院也不時傳出介入調查的聲音，對建管單位公務員心理也有某種程度的壓力。

蘇縣長對此相當不以為然，臺北市可以自己立法規範，三百多萬人口的臺北縣不可以，難道一水之隔，就變成二等國民？

嗣一九九九年一月間地方制度法施行，據該法規定，縣市就工商管理輔導事項，經濟部的輔導管理規則並非法律授權訂定，屬職權法規，對地方不具拘束力，地方政府仍得本於自治權訂定自治法規。蘇縣長即於同年六月三日責由法制、建設、工務、警察等單位組成「電子遊藝場管理法規專案小組」，經五次會議討論，於七月十四日研擬完成《臺北縣電子遊藝場業管理辦法》草案。其中，最值得注意的就是，仍援用一貫政策，明定新設電玩場所應距學校、醫院一千公尺以上，且僅能設於商業區。

草案一公開，業者強力反彈，臺灣省遊藝場業商業同業公會聯合會理事長即透過某報特派員與我連繫，希望當面溝通。我雖深知如此規定形同完全實質斷絕新設電玩的可能，確有不甚合理之處；但基於公務倫理，仍予婉拒私下接觸。不過，鑒於該草案攸關縣府政策落實與民眾權益，為求審慎，乃簽准於同月二十九日邀請學者專家、社會公正人士、公會代表、公益團體、家長會代表與學生代表，假縣立體育場的會議室，舉行公聽會。

公聽會前夕（即二十八日）下午，該特派員又來我辦公室表示，公會理事長將率「軍」鬧場。我一方面請該特派員傳話：「公聽會的目的就是要聽取各界聲音，看能否有個折衷共識；來者是客，有意見盡可在會上提出，如果有任何非理性行為，充其量停開公聽會，就完全照縣長一貫政策處理。」一方面也商請海山派出所屆時派警力協助。

二十九日上午一到會場，果見黑壓壓一片，近百名黑衣男子分坐兩側，肅殺氣氛確實對與會人員造成極大心理壓力，法規股張茂松股長私下向我請示，是否停開會議？我即透過縣警察局行政課課長，先將公會理事長請到隔壁小會議室協調，慎重告以昨天傳話意旨。公會代表保證會理性表達訴求，不會對與會人員不禮貌。

公聽會進行中，兩側黑衣男果然未滋擾秩序，對發言者均給予掌聲；公會代表指出，支持縣府維護治安的決心，但對於「只管不理」的消極態度，深不以為然，希望縣府對合法業者多加扶持，獎善罰惡，創造良好的經濟產業環境，而非一味打壓，趕盡殺絕。

立法院經濟委員會專門委員許劍英也認為該規定過於嚴苛，如照這樣的規定，臺北縣境內將無一處可設。警察大學教授鄭善印具體建議距離二百公尺應屬適當。

會後整理各發言重點，除機關與教師代表外，與會者都主張應該合理放寬距離。我特別拿來臺北縣地理圖資，嘗試按一千、七百五十、五百、二百五十公尺的隔離帶，分別繪製，得出一個結論：如輔以區位與營業場所彼此間的距離限制，五百公尺仍可將家數控制在三、四十家，符合縣長的政策目標。乃據此「大膽」向蘇縣長建議，可否將隔離帶縮短到五百公尺？縣長忖度片刻後表示，這是整體觀感問題，無論是減一百或五百，都會被認為是政策上的鬆綁，政治觀感上仍屬不宜。我只好作罷，草案仍舊維持一千公尺。

電玩公會對地方政府的作為已完全無所期待，就轉而積極向立法院遊說，希望將經濟部與立法委員沈智慧等於一九九六年提案，一九九七年即經委員會審查完竣，但被冰凍在院會尚未進行二、三讀的《電子遊戲場業管理條例》草案，火速排入院會議程，完成立法。

立法院隨即於同（一九九九）年十二月三十日，在羅福助等委員的促成下，完成朝野協商，並趕在翌（二〇〇〇）年一月十四日第四屆第二會期延會期間休會前進行二、三讀，總統於二月三日公布施行。

其中最值得注意，也是業者引頸至盼的第九條明定：「電子遊戲場業之營業場所，應距離國民中、小學、高中、職校、醫院五十公尺以上。」業者爭相走告，據聞，公會還為此放鞭炮慶祝。咸認為從此雨過天青，在中央法律的上位拘束下，地方政府就應自動繳械，不能再事刁難。經濟部即持此觀點，認為地方政府爾後任何高於五十公尺限制的規定，都牴觸法律。為此，縣府建設局大為緊張，專案向縣長報告，縣長立刻召集因應會議。

縣長徵詢我的看法，我表示，有無牴觸，要看該法律規範目的而定，如屬最高限制規定，自不能逾越該限制；但如為最低標準規定，則訂定較高要求，並無牴觸法律；第九條規定的重點如在於保障人民的財產權或營業自由，五十公尺隔離帶的界限，就可解釋為是限制的極限，只要於距離規定場所五十公尺之外，即不得再禁止該營業場所的設置。相反地，本條規定的保護重點如在於學校、醫院的安寧秩序，五十公尺即應解釋為是最低限制。而從本條內容及意旨觀之，應認為係基於維護學校及醫院鄰近地區的安全、安寧環境，所做的最低標準規定，地方自治團體基於該地域的特殊需要，延伸其與電子遊藝場的「隔離帶」，如具正當性與合理性，即應無牴觸法律的問題。

我進一步建議，可以續推電玩管理自治法規，但因該限制涉及營業權的限制，應依地制法第二十八條意旨，提升法位階，以自治條例定之；其次，距離要符合比例原則，至少在形式上不能有實質根絕申設空間的意涵。然而，鑒於自治條例須送議會審議，恐未必能如縣府規劃，縣長最後裁示仍以「辦法」繼續推動；至於距離部分，則未作出具體指示。

建設局解讀為政策未鬆動，因此，從新送法規會的草案，仍維持一千公尺。二〇〇〇年四月十九日縣府法規會進行審查，經討論後，基於比例原則，與會委員傾向應縮短距離，但究竟應縮短多少則各持己見，莫衷一是。最後持保留態度，建議建設、城鄉、地政單位聯手作業，就人口、區位現狀、學校分布等實際情況，研商後逕提縣務會議討論。不過，相關單位始終沒有共識，建設局長仍堅持應照縣長指示。因此，七月間我再次建請蘇縣長考量，縮短為六百公尺，似較合理；如有家長團體疑慮，可增加「社區參與機制」，明定申設前應先取得場所一百公尺內居民、村里長、民意代表多數同意，以爭取居民認同。

蘇縣長未置可否，只笑笑說「再研究研究」。迄至十月間，我商調內政部民政司司長，縣府法規會均未再進行本案的後續程序，本案法制作業可謂自此中止。蘇縣長於二〇〇四年五月二十日轉任總統府祕書長、林錫耀副縣長代理縣長至二〇〇五年十二月卸任，也都未再處理自治法規立法議題，僅於二〇〇一年四月二十三日以公告方式，要求一千公尺的隔離帶，並據此公告否准業者申設。

業者則一再尋求行政救濟，二〇〇五年十二月間，縣府陸續有八件否准處分被最高行政法院撤銷。其理由不外認為公告不具法效力，地方政府如欲規範電玩業更嚴格的隔離帶，因涉及居民營業權的限制，應以自治條例定之。

周錫瑋於就任縣長後，為因應最高行政法院判決趨勢，乃重啟電玩法規立法程序，翌（二〇〇六）年三月終於將《臺北縣電子遊戲場業設置自治條例》草案送縣議會審議。該版本只有五個條文，重點則只有一個，即第四條規定：「營業場所，應距離國民中、小學、高中、職校、醫院一千公尺以上。」審查小組原來照案通過，然而於六月二日大會二讀時，議員發言踴躍，雖都不反對一千公尺隔離帶，但對於長久以來縣府的「立法怠惰」則頗多不滿。廖秀雄議員爰主張，這麼「乾扁」的草案，竟然要研議這麼多年才送到議會來，提議刪減十公尺以示對縣府的警惕。大會二、三讀即照修正動議通過。

九百九十公尺就是這樣來的，而刪減的十公尺，正如主席說的，不過是大約會議室兩牆之間的長度。立法沒有任何大道理，也沒有任何邏輯，總之，就是立法者老大不爽，略施薄懲，如此而已。

法制小辭典

自主立法權

地方自治團體為處理地方公共事務，落實自治政策，自須相應擁有制定具強制法效力規範的自主權限。誠如學者所稱，立法權是中央與地方權限劃分中，競爭最激烈的領域，誰一旦掌握立法權，誰就擁有第一線發號施令的地位，此所以有認為自治立法權為地方自治的核心。

在聯邦制的國家，為確保各邦自治權限不至於遭到聯邦的不當侵奪、限制，立法權的分配為憲法的重要內容，固勿論；即使在單一制國家，也不乏於憲法層次明定地方的立法權力，如日本國憲法第九十四條、韓國憲法第一百十七條規定，地方自治團體，得於法律範圍內，制定條例或有關自治的規定。法國一九五八年第五共和憲法對此雖屬空白，但二〇〇三年憲法法第七十二條第三項也已明定：「地方自治團體為行使其職權，擁有條例制定權。」

我國憲法第一百零九條及第一百十條，本即定有「省（縣）立法事項」，第一百十三條及第一百二十四條復有「省（縣）立法權由省縣議會行之」的規定，釋字第五二七號解釋又明揭「地方自治團體在受憲法及法律規範之前提下，享有……對自治事項制定規章並執行的權限。」足見，在我國憲法層次上，地方自治團體擁有自主立法權，應無異論。

然而，地方自治團體終究是國家整體中的一部分，非國中之國，為維持國家統一於不墜，使不致分崩離析，法律社會自應同時存在一個中央集權的最低限度，與地方分權的最高限度。因此，國家與地方自治團體間，仍須有一套制度聯繫存在，即國家法秩序的統一原則，此原則從法階層構造論，至少包括三層意思，即一、一切法的形式，都不能牴觸憲法；二、下位階的法不能牴觸上位階的法；三、違反上述原則的法均屬無效。憲法第一百十二、一百十六、一百二十二、一百二十五、一百七十一、一百七十二條已分別揭示這樣的原則。地方制度法又進一步規定自治法規不能與憲法、法律或本於法律授權的中央法規相牴觸，否則無效（第三十條第一、二項）。

然究竟何謂「牴觸」？一般的認知有很大出入，直接影響到自治立法的開展，這也是地方立法實務上所遭遇的最大困擾。有關電子遊戲場業營業場所設置距離的限制，中央與地方寬嚴不一的嚴重歧異，就是最典型的爭議。

性不性由你——自治事項

性交易管理本來存在「罰娼不罰嫖」、「罰嫖不罰娼」、「娼嫖都罰」與「娼嫖都不罰」四個政策選項。

偏偏被大法官釋字六六六號宣告罰娼不罰嫖違反平等原則，相應地，罰嫖不罰娼，當然也不符平等原則。

最後就從選擇題變成是非題，要不，都罰，或都不罰。

但臺灣的民情環境，誰敢決定都不罰？結果只能重回娼嫖都罰的老路。

但畢竟食色性也，也不能不給一點彈性，

讓地方政府可以規劃容許從事性交易活動的區域。

至於要不要規劃？屬自治事項就由地方自主決定。

二〇一六年十月十三日立法院舉行全院委員會，對司法院大法官被提名人行使同意權，進行詢問。周陳秀霞委員詢問院長被提名人許宗力，是否贊成「性交易合法化」？許宗力表示贊同，並說「從事性交易的這些人，很多是來自比較中下階層的女性，我覺得如果不合法的話，反而會讓她們被黑道所把持。」

許準院長的答覆並未失言，他只是很誠實地道出了社會的無奈；至少如他在二〇〇九年大法官任內，所參與作成的釋字六六六號解釋的基礎事實，感受到年逾七十歲的流鶯，還必須為了幾百元出賣自己的身軀，這是何等的人間不堪；也如同他在不同意見書中引南非憲法法院歐黎根（Kate O'Regan）與薩克斯（Albie Sachs）大法官所指出：「『娼妓』是社會的邊緣人，帶著永難洗刷的污名。」

她們豈止是「中下階層」，簡直是更為劣勢的「底層階級」。當然，許院長只點出了大多數、而非全部的實際現象。不能否認，有一些人確實是在窮途末路之下，自願或非自願淪為娼妓；就像黃春明筆下的白梅，將自己比喻為「雨夜花」，飽受風雨摧殘，離了枝，落了土。

然而，如果因此就認為，所有藉此「獲取對價」的人都是為生活打拼的底層社會的弱勢族群，也與事實不符。還有更多的是，不具「非法」意識，純粹是把身體當作是一種交易客體，換取物質享受的「高級」工作者。譬如澳門威尼斯人渡假村酒店外環運河緊鄰路氹金光大道的橋頭，所見盡是穿著時尚、手拎名牌包、足登高級鞋阻街攔客的鶯鶯燕燕。甚至，例如專門進出高級酒店、「星期五俱樂部」或應召取悅富太太、貴婦人的所謂的「午夜牛郎」，根本就不能與「弱勢」劃上等號。尤其，妓院的經營也伴隨著剝削、犯罪，或經營者與性服務者的共生結構。因此，絕不能一廂情願、想當然耳地看待娼妓問題。

如何處理這個問題？就不可避免地必須存在著經濟、社會、治安、公共道德、都會發展、社區意識的多面向的綜合思維，以及政策總體導向與個別執行層次的區隔考量。性交易規範管理，所指涉的行為及其主體，遠比任何法律所要管制的社會行為，都要來得多樣、隱晦而複雜。

其實，早在二〇〇九年十一月大法官釋字第六六六號解釋出爐前，行政部門於二〇〇六年左右就開始對現行性交易管理政策進行自發性檢討。該年一月十二日行政院人權保障推動小組第十二次會議，民間委員王如玄臨時動議，要求廢除「社會秩序維護法第八十條第一項第一款」，經討論後決議：「本案請內政部警政署就廢除本條文規定之社會共識、利弊得失、公平性、可行性及後續影響等詳加分析，再研提案提報本小組第十三次委員會議」。

警政署於檢討後仍認為繼續維持，並無修法計畫。案經提二〇〇六年十一月二十七日行政院人權小組第十三次委員會議，與會民間委員與官方代表意見分歧。最後，主席（行政院院長）張俊雄裁示：「請內政部就性交易是否除罪化、性工作者合法化問題訂定處理時間表及優先順序，邀請小組委員、社會各界及涉及之各行政機關就本議題再作深入討論，並提報本小組委員會議。」但在九月六日該次會會前會，曾針對只罰娼不罰嫖的公平性問題，決議：「請內政部對修法處罰嫖客之可行性一節再予研議。」

二〇〇八年政黨輪替後，內政部於二〇〇九年三月間委託學者專家許春金等專案研究，並研擬方案，但不管方案內容如何，都遭來輿論強烈批評，前部長廖了以為此傷神不已。

雖然，這不是個人本職業務，過去也未曾參與其事。但個性上喜歡發掘問題、事象，並模擬解答於先，儲存在人生的「光碟」；也許終生沒有反饋的機會，也許有一天派上用場。不管如何，公共事務對我來說，無一事不關己。我仍不停地反問自己，如果這個任務交給我，我要怎麼做？

同年五月間奉派出國研習[1]，特別利用週末課程空檔，按著搜尋的資

1 為示對該國的尊重，請容保留該國國名。

訊，選擇該國最繁華街道上的一個定點，靜靜觀察。

華燈初上，兩排鬱鬱蒼蒼的大樹，如同捍衛禮教文明的禁衛軍，從繁華的市中心，一路延伸到漆靜的郊區，路的一端盡頭少了鼎沸的人聲與喧囂的車吼，卻多了幾分詭祕的氣氛。這裡的大樓「商家」都已打烊熄燈，邊側大樓穿堂卻還有四、五間店面，或透漏著幽暗的粉紅燈暈，或竄繞著令人眼眩的七彩火蛇。暈紅的一邊，門口掛著「按摩」的看板，歪歪斜斜坐著幾個打扮妖冶俗豔的女人；七彩的一邊，聚集幾個類龐克型男子，各個異色的眼神，讓人格外焦躁不安。

一座國際連鎖經營的五星級飯店，很不協調地兀自矗立在大樓對街，飯店大廳前接壤著廣場，往下走幾個台階，是約莫六米寬的人行道；人行道的邊緣，井然有序地佈放著長方體的砌石花台，植栽著矮灌木；花台旁靠近馬路的一側砌著長凳，在灌木叢與路樹間自然形成不易被干擾的模糊空間。

綠蔭大道轉向飯店的左側，向上緩坡，沿路錯落著高級住宅區；飯店右邊是一條通向植物園的長巷，在夜間顯得幾分幽深靜謐。飯店右前方近鄰大道與長巷的轉角處，凸起了一個路緣界石。坐在那裡，是絕佳的「觀景」位置。

長巷離大道約莫一百五十公尺處，兩位穿著年輕俏麗，妝扮入時，應該還是大學生模樣的少女，原地徘徊，時而踱步著，其中一個信手點燃一根菸，略顯不自在地吸啜了起來；另外一個則神情緊繃地東張西望。

那個地方沒有公車站牌，也沒有計程車招呼標示；從她們隱約可辨的神情，完全嗅不出「月上柳梢頭，人約黃昏後」的嬌羞雀喜；更確切的說，那裡根本就不是情人約會見面的好地點。不一會，來了一部高級箱型車，車上下來兩個大漢，顯然不相認識的四個人彼此比劃了片刻，兩個女子就在大漢的攙扶下，半推半就地上了車。隨著車後燈的逐漸遠去，長巷又恢復了原來的寂寥靜謐。

結束長巷內的窺探，若有所思、似有所悟地把目光轉向右前方的人行道。

幾個形貌不揚、舉止猥瑣的中年男女，正用禿鷹「撿屍」般的眼光，貪婪的搜尋著往來的行人，獐頭鼠目的樣子，著實令人生厭。只要看到落單的男子，幾個男女便會曖昧地欺身過去。有些人不予理會地快步迴避過去，有些會揮揮手示意拒絕，甚至毫不客氣地怒目驅趕。碰到這樣的反應，「撿屍者」就會識趣地轉身另覓獵物；如果對方態度稍微猶豫，他們就會像蒼蠅一般，糾纏不放。不過，也許是與某種「無形力量」彼此的默契吧？飯店前廣場的二、三層跨階，對撿屍者來說，就好像是楚河漢界一般，只要行人走上跨階，撿屍者就放棄跟追，絕不越雷池一步。

約莫半個時辰吧，同樣的戲碼就重複演了十幾回。倒是也有二、三回，路上行人也好奇地駐足與撿屍者對話，撿屍者從手提袋裡掏出一些紙張，嘟噥半晌，也許達成某種共識吧？撿屍者滿足地用邪淫的嘴臉，也扯也領地帶著行人快步離去。

不同於人行道上的動態劇碼，當目光投射到大樹與矮灌木間的一排長凳，只見三個女子靜靜地、背向人行道，有間距地分別坐在不同的長凳上。從膚色、形貌上研判，其中有兩個應該是來自東南亞國家，另一個五官並不挺美，但皮膚白皙，身材還算勻稱，約三十歲左右，應該是來自華人社會。

兩個似乎也是來自東南亞的男子，分別趨前坐在東南亞女子的身旁，試探式地攀談起來，女子一開始似乎不想搭理，談著談著，倒也幾分熱絡，他／她們什麼時候離開的？沒去留意。總而言之，十來個一米長的花台前，最後就只剩下那位裝扮「特別」的華裔女子，無聊地燃了根菸。

說「特別」，是因為不知道要如何描述她，衣著材質應該都是廉價的地攤貨，腳蹬細繩涼鞋，一只斜背大布袋，緊身熱褲，半透明、低胸的棉質T恤，雖然雙峰呼之欲出，但說是「暴露」倒也還不至於；因為相較於市中心那些大膽「展示」自我的年輕美眉們，這樣的「程度」其實算是保守的。從化妝看來，比起菜市場的一些婦女，如果說有什麼不同，大概就是眉毛與嘴唇稍微多塗了幾筆，至於是敗筆？還是神來之筆？那就見仁見智了。

特別的，不只在於穿著打扮，更特別的是，為什麼這個時候，她會坐在那裡？為什麼會背向人行道？她不像是在「欣賞」大道上呼嘯而過的車陣；也不像是無所事事地坐在那裡消磨時間，只是還稱得上端淑地交疊著修長的小腿，顧盼自若地吸著菸；但隨著時間一分一秒的流逝，夜色漸漸深沉，東南亞女子一個一個的「消失」，她開始顯得心緒不寧，眼神空洞卻又不時迷離地飄向身後忽來忽往的人影。

約莫一個時辰，一位四、五十歲洋人模樣的男子，貿然地一屁股就捱著她的身旁坐下來，她不自在地向右挪移了幾吋。才交談沒幾句，洋男冷不防地就伸手按在她的肩膀上，女子似乎很生氣地瞪了洋男一眼，倏地起身意欲擺脫糾纏，洋男識趣地悻悻然離開。女子又坐了下來，繼續飄移著眼神，等待下一個男人的接近……。

無法解釋，這樣一個謹守道德禮教的國度，一方面卻能務實地容許「合法」紅燈區，接受政府的嚴格管理，一方面卻又存在如此活絡旺盛的街頭情色活動。

專致地用眼睛記錄下這一切，用心去思索，嘗試著用國情、語言作一番爬梳、比對。第一個類型，在臺灣就被歸類為色情或俗稱「粉味」的按摩店，延伸出去也包括色情理容院、視聽歌唱業……等所謂的八大行業，還有充斥鄉間的「小吃店」、都會邊緣的「阿公店」、「摸摸茶」、「豆干厝」；第二個類型，是透過網路、小廣告的援交，可能被馬伕接送到高級俱樂部、招待所，甚至私人豪宅；第三個類型，俗稱三七仔、皮條客或新興流行語「伊拉客」，談妥了，就被帶到較低價的旅館，甚至非法娼寮、「貓仔厝」；最後一種類型，叫流鶯、站壁或阻街女郎，一般是跑單幫的，交易地點隨客戶指定，通常是買春者暫宿的旅館，或應流鶯建議的廉價場所，甚至就地解決。

這些都還是視覺上可觀察得到的，街上一些出租套房，或許也存在所謂的「一樓一鳳」[2]。更不用說，離飯店大約十五分鐘車程的地方，還有一個曾經被拍成電影的、著名的「合法紅燈區」；但同樣的紅燈區，在這裡風化

2 香港法例第二百章第一百十七條明定：任何處所由超過二人主要用以賣淫用途，即視為「賣淫場所」。任何人管理、出租、或租賃賣淫場所都可被檢控。為逃避法律責任，乃發展出只有一名妓女賣淫的一樓一鳳。

場所是融合在住宅區，不同於比利時、荷蘭，隨處可見「櫥窗女郎」，如非「牧童遙指」，乍到此地，可能還摸不到門路。

就說眼前這棟光鮮亮麗的五星級飯店吧，也許隱身在「上流」社會的某個房間內，正在進行著人類原始本能的交易；相較於一般阻街女郎，能進出其中的，多屬條件較「優」的應召女或牛郎，可能是個體戶，也可能是靠行，或被集團操控。當一男一女（當然也不排除兩男或兩女）狀似親密地走進飯店，可能是夫妻，也可能是情侶、外遇，或是男歡女愛無償的一夜情，或有對價關係的性交易。

畢竟，自有生物以來，就有性的存在；人類學家也相信，原始社會就存在以物交換性滿足的情形。換言之，性交易歷史源遠流長，幾乎和人類種姓形成一樣的悠久。它不僅廣泛地存在於任何國家、任何地區；更頑固地附隨於人類整個文明進化的過程。而這樣的交易行為，也不一定在飯店、旅館內進行，未必透過某特定的合法、非法或掛羊頭賣狗肉的營業場所，任何一個獨立、遮蔽的空間，都可以發生，甚至車震、打野戰。

然而，性的需求與性交易現象的存在，是一回事；而成為一種制度性概念，「政府」權力是否介入管理？更是另外一回事。從歷史縱深的面向，性交易管理的需求，殆始於一夫一妻制[3]形成後，經不斷演進而產生家庭倫理核心價值維繫的需要。但無論如何，不管任何時代，都不可能存在放諸四海而皆準的管理制度；也沒有一個國家自許已找到根本的解決方法。多少世紀以來，就一直擺盪在縮與放之間；放而不安，禁而不絕。

這樣的困境，一方面固然與人類文化根源及社會經濟因素緊密聯繫有關，更關鍵的，則在於性交易管理的問題無法單純以「性慾滿足」的結果，作為納管與否的分野，它經常會交雜著主觀的複雜、曖昧的人際互動過程與情境。

面對人性本質，公權力是否有先天上的極限？在某些領域，政府是否應允許「有意識性作用」的法外空間？應該如何去規劃、設計合理的性交易管理制度？管理的強度如何？尤其，法律規定與執行本來就有差距；更具體的說，要不要真的「雷厲風行」，常有一些特別的考量。

就如前述那位華裔女子說的，她是個大學留學生，因二〇〇八年間，受全球經濟大海嘯的衝擊，就業市場蕭條，家裡接濟中輟，生活陷入困難，不得已落入最無奈的選擇。這樣的處境在這裡比比皆是，該國政府也能體恤這些族群的窘境，只要相互遵守一些默契，不要太誇張，影響「市容觀瞻」，

3 根據美國肯特大學人類學家洛夫喬伊（C. O. Lovejoy）研究，可能早在四百四十萬年前，人類就出現了專一固定的一夫一妻制。科學家稱這關係為「配偶連結」，這是人類祖先一個重要的演化適應，進而成為人類社會體系和演化成功的關鍵。加拿大蒙特婁大學人類學家沙佩（B. Chapais）說：「有了配偶連結，我們比其他物種多出很大的優勢。這能幫助人類演化出較大的腦、因而成為征服世界的現代智人。」

只賺取觀光客「外匯」，不找本國人，治安單位通常也就睜一隻眼、閉一隻眼。

從臺灣娼妓管理政策的沿革，總歸起來，就是「公娼集中管理，私娼嚴格取締」兩條路線。被集中的公娼在其掛牌的妓院，本來就可進行合法的性交易。至於合法妓院以外，政府取締色情交易，主要法律依據有二，即《都市計畫法》與《社會秩序維護法》。前者，針對營業場所，後者則針對人，而且只「罰娼不罰嫖」。

地方政府之所以會適用都計法的主要理由是，色情行業的存在妨礙商業的便利、發展；但根據都計法所作成的行政處分，最近幾年陸續遭行政法院撤銷，有些判決甚至認為，色情行業的存在，非但無礙於商業的便利性，反而為旅館業帶來商機而獲利。

因此，社維法就成了最後一道防線。據統計，查獲妨害風化的案件，每年都在兩、三千件，違規人數約一萬人次。這樣的統計數不過是冰山一角，其中還隱藏著為數龐大的違規「黑數」；有某警政首長甚至在他的研究論文中指出，這樣的數字，連實際數的百分之一都不到。而且大部分都是應召站、指壓按摩休閒中心、旅賓館、理容院、ＫＴＶ等。除非有特殊治安考量，原則上，不會去臨檢觀光飯店；對於流鶯，尤其，高齡的「可憐的弱勢婦女」，警察通常也於心不忍，不會抓得太緊，頂多像趕流動攤販，追趕跑跳碰，你追我跑，或口頭警告一番；似乎還不至於真的徹底清剿、掃蕩。

換言之，社維法該條規定的存在，與其說是要杜絕色情氾濫，還不如說只是要擺擺樣子，作為政府向人民宣示的道德底線。如果不是因為宜蘭警察局移送了兩位年逾古稀的賣淫老嫗，也不致於激出釋字第六六六號解釋。

問題是，釋字六六六號解釋迴避長久以來的「核心」爭議，針對國家應否承認「妓權」或「性自主權」的存在？是否應將從事性交易當作憲法上工作權的一環，而給予保障？均保持沉默；甚至連聲請的法官「不符比例」的質疑，都不敢去面對；只是挑最「廉價」的「平等原則」作為檢驗的基準。

就如許宗力大法官所說：「慮及社會對整體性交易管制政策尚未有清楚的方向，為避免過早封閉相關議題廣泛的討論空間，本件解釋乃稍嫌過分謹慎地在最窄的打擊範圍內，以最淺的，有若白開水的論理獲致違憲的結論，也算是煞費苦心。」司法院祕書長謝文定更說得直白：「大法官持中性態度，釋憲意旨不代表大法官主張『嫖娼皆罰』或『嫖娼都不罰』，行政機關或民眾不要誤解。」

講好聽，是要讓行政、立法機關有更大的政策形成空間，在兩年內作出具體決定。究其實是大法官也不想接這燙手山芋，所以只做半套解釋。至於未來將如何修法？爭論又回歸原點，無怪乎陳新民大法官會批評，只挑平等原則為審查準據，顯然是一種「鋸箭法」式的推論。

但政府能怎麼對應？本來性交易管理政策存在「罰娼不罰嫖」、「罰嫖不罰娼」、「娼嫖都罰」與「娼嫖都不罰」四個選項。不幸的是，罰娼不罰嫖被大法官宣告違反平等原則，相應地，罰嫖不罰娼，也不會被憲法支持或用實質平等的概念來彌平。最後就從選擇題變成是非題，要不，都罰，或都不罰。

都不罰，就意味著性交易全面開放；試問全世界即使是比臺灣更自由開放的國家，為什麼也都沒辦法做到真正的全面開放，有哪個執政者有這樣的「魄力」宣告讓性交易全面合法？

相對地，對於希望全面禁絕掉性交易的主張，讓社會完全沒有娼妓，同樣面對根本的難題，人類社會何曾能夠根絕這種行為？其他國家，不管是極權主義或自由民主國家，有哪一個國家做得到這一點。所以如果一定要在法律上完全禁絕，都不允許任何有限開放的空間，其實是鴕鳥的一種政策，就是不願面對人類生存情境中的實然。

所以大法官釋字六六六號，無異掀開了潘朵拉的盒子，如果行政、立法部門無法在規範失效之前，重新蓋上盒子，將飛散的「瘟疫、憂傷、禍害」等收回，我們的社會、人心是否經得起這樣的劇烈衝擊？即使是主張娼妓除罰化的團體，是否真的有面對「災難」的心理準備？恐怕也有待檢驗。

大法官給的二年期限，看似很長，但法律絕不可能像仙女手中的神奇魔棒，輕輕點一下，就立刻改變根深蒂固的國民道德觀念、家庭核心價值，七百三十天能不能化解社會重大歧見，已經是極為艱鉅的社會建構工程；更何況要建立一個各方都能接受的性交易管理新制。

過去娼妓管理屬警政業務之一，從來都是由警察機關負責。社會司只因負責內政部彙整人權報告幕僚工作，始與性交易管理政策研議有所聯結。但二〇〇七年十一月間，因內政部前次長林中森協調，改由社會司主政該研議工作。社維法本屬警政法規，但警政署仍認為有關「社維法第八十條第一項第一款」是否廢除、性工作相關管理法令及配套措施等案，均應由社政體系主政，該署僅配合辦理，因此，就連帶地一併「禮讓」給社會司。

其實，在二〇〇九年釋字六六六號作成之前，行政院人權保障推動小組委員會議，已多次對性交易是否合法化及罰娼不罰嫖的公平性問題，進行熱烈對話，但多無具體結論。即使政府部門主事者確有解決的誠意，但面對紛沓多元又相互對立的意見，短時間整合共識仍有相當難度，因此，也只能以拖待變，繼續廣徵外界聲音，瞭解民意動向。

詎料，大法官釋字第六六六號解釋出爐，對行政體系造成極大壓力，迫使相關部門不能不積極面對問題，各界也急欲瞭解政府的因應對策。內政部爰於翌（二〇一〇）年一月二十七日行政院人權小組第十六次會及五月三十一日第十七次會前會，結果還是得到「本案研擬之計畫尚待與相關機關討論」、「請內政部積極辦理，並依委員建議聽取民間及地方政府意見後，列入下次正式會議報告」的結論，溝通、溝通、再溝通，研究、研究、再研究。

為此，社會司又分別邀請中央相關部會、地方政府、婦女、宗教團體與學者專家，辦理二場公聽會、二場座談會，並採交叉方式進行，再辦理第二次民意調查；同時，派員赴宜蘭及桃園地區公娼戶，進行田野調查。

社會司不能說沒有努力，問題是，各方意見始終無法達成共識。眼見時間一天一天流失，兩年大限轉眼將至。而社會各界有關的論辯，也常陷入一種弔詭：人人都不吝於捍衛人權、支持價值、主張公義，卻沒人願意承擔責任，提出具體、細致而有建設性的方案；甚至提出一個方案，又衍生更多的爭論。

江前部長於二〇一一年一月十八日，邀集部內三位次長與社會司長、警政署主祕、祕書室主任等研商政策方向及處理原則。本來，我並沒有受邀參加。但會議進行一、二十分鐘，政務次長簡太郎提議，請我一起討論。

這是我第一次參加這議題的研商，也第一次接觸這項業務，銜命而來轉達的祕書室同仁擔心我不瞭解狀況，還貼心地幫我準備了一些過去討論的相關資料、研究報告、民調數據……。我很客氣地收下了，也很直接地就將這一大疊資料「束諸高閣」；只簡單地拿起資料夾取出一張紙，加印幾份，就「很瀟灑」地端起慣用的茶杯，前去會議室。

部長很客氣地說：「很抱歉！臨時把你找來，要不要讓社會司同仁再簡單說明一下議題內容，好讓你也進入狀況？」

「不敢！不敢！不要耽誤長官寶貴時間，就請繼續。」

社會司報告完之後，部長逐一請與會主管表示意見。似乎仍舊沒有部長期待的具體方案，只見部長深鎖眉頭，若有所失。

最後輪到我，我就將印好的那一張資料發給大家，上頭就寫著如下這段話：

「一、政策面：（一）有限度開放、（二）研訂管理機制、（三）保留地方設專區彈性。二、法制面：（一）鑑於性交易合法化議題，輿論意見紛沓，迄無共識，惟多數民意仍認為不能全面開放。而考量釋字六六六號所定時限急迫，另立專法恐緩不濟急，且滋生社會嚴重爭議。因此，宜先參酌釋字六六六號意旨，就社維法第八十條進行局部修正。俟社會有共識後，再研議是否另立專法。」

聽取說明之後，部長緊繃的臉，頓時放鬆許多。稍微交換意見後，就以該意見為基礎，達成共識。並裁示請簡次長召集有關單位組成「因應釋字第六六六號解釋政策方向暨相關法制作業專案小組」。

據簡次長嗣後屢次表示，這也是他第一次參與研商。簡次長當即提議，由我擔任專案小組執行祕書；部長禮貌性地徵求我的同意，我毫不考慮地接下這個大家避之唯恐不及的任務，負責統籌幕僚作業，研商具體意見、後續應辦事項及相關配套措施。

會後，社會司副司長陳素春說：「大師出馬，大家都放心。忙了一年多，我們終於可以解脫了。」

承命之初，雖有相當的信心接受挑戰；但畢竟這是一個價值衝突劇烈，大家避之唯恐不及的燙手山芋，無論是社維法主政的警政署，或社運團體期待的性交易除罪化後的主管部門（社會司），所擬訂的方案，都無法通過行政院人權小組嚴酷的考驗，一再被退回；任何政策的提出，各界的指責、批評，更不曾停歇。

尤其，無論早自二〇〇六年行政體系對現行性交易管理政策的自發性檢討，或二〇〇九年大法官釋字六六六號解釋確認「罰娼」條款應於二年後失效的因應研商，我一直是個局外人，從未參與相關的作業。部分媒體朋友一開始其實仍心存觀望，《聯合報》資深記者李順德就直白地說：「主政單位這麼長的時間都沒弄出個解決方案，你身為法規主管，又如何能在短短一兩個月內創造出奇蹟？難不成能像孔明一樣，提出隆中策？」

哪敢自比高明，不過孔明先生治學處事的一些皮毛技倆倒有一些領略。孔明隱居臥龍崗，豈如他所自吟：「大夢誰先覺？平生我自知，草堂春睡足，窗外日遲遲。」他雖身居茅廬，躬耕隴畝，但仍與徐庶、龐統等交好，又求學於名師，日觀天象，夜審星斗，遊走四方，解析治亂。我敢大膽的假定，孔明甘冒大不諱，讓漢皇叔劉備三顧茅廬，固然可能意在測試劉備的誠意，但更可能的原因，應該是為了要爭取時間，繪製足以讓劉備頓開茅塞的「西川五十四州之圖」。

雖然，從未參與討論，並不表示我從不關心此事。相反地，因為研究憲法及參與憲法法庭辯論的經驗，我對釋字第六六六號解釋的內涵，有充分的掌握，需要做什麼？不需要做什麼？了然於胸。對於內政部所面臨的兩難困境，從旁觀者的視角，反而更能透視內裡，能做什麼？不可能做什麼？也有相當的體認。

尤其，在沒有任何業務壓力下，我走訪了一些倡議團體、性服務者，觀察性活動活絡地區的社會流動，甚至不惜自費向娼妓買時段進行深度訪談；什麼是他／她們所迫切需要的？什麼是不需要的？也因此能一一刻在心版。一張政策方向草稿，比起「西川五十四州之圖」，不過雕蟲小技，但卻能一舉滿足江部長的要求。

也就是說，如果沒有相當的準備與把握，貿然臨危承命，豈非超越承擔壞了大事。當天開完會回到辦公室，我就擬成修正條文草案，並據以撰寫政策原則[4]，翌日經呈部、次長討論後，立刻獲得認同。這也就是內政部推動

4 嚴格來說，就是先射箭再畫靶。

後續立法的總綱領「適度開放，有效管理，維護人權，打擊犯罪」十六字箴言的原始雛形。

獲得部內長官的認同，只是開端，要順利完成立法，至少要再過五關。第一關，是向行政院人權保障推動小組提出報告。

據社會司經驗傳遞，過去幾次會一提到類似議題，就煙硝瀰漫，砲聲隆隆。會前特別向部長請示，部長指導：「內容越是具體，越容易被挑毛病。」所以就決定只提政策方向，具體修正條文就先隱而不提。

這策略果然奏效，報告後，也許是形而上的原則方向無懈可擊吧，只見委員頻頻點頭，沒人舉手發言，主席吳敦義院長隨即裁示：「成年人性交易管理問題錯綜複雜，涉及人權保障、社會觀感、道德爭議與性別平等等多面向的討論，難有一致性共識。惟大法官釋字第六六六號已宣告現行社會秩序維護法第八十條第一項第一款規定違憲，至遲將於本（一〇〇）年十一月六日前失其效力。是以，現行法的檢討與相應配套法案的推動，極具時效性，請內政部儘速完成相關配套法案報院，並適時主動向外界完整說明所擬推動的政策方向，爭取社會各界支持。」

第一關，就這樣輕騎而過。接著第二關，也是最困難的一關，就是社會溝通。

性交易除罰化的議題，來自倫理道德、社會福利、公共政策、犯罪防治、人權維護……等不同的關照，就有不同的觀點；即使同為「女性主義」的支持者，也會有截然分歧的立論。長期以來，就存在政策論述南轅北轍的兩個陣營，雙方就像兩條沒有交集的平行線。

因為，內政部的規劃只是非常局部性的「適度開放」，並輔以「有效管理」，反對開放的一方，比較放心，而這也符合社會絕大多數的民意。因此，需要特別溝通、化解歧見的，是性交易合法化倡議團體這一方。

再進一步分析，這個陣營，其實又有程度上的差別；一個是以同情公娼為基底的日日春協會，另外就是人權菁英團體。後者，雖有主張，但未必期待立刻看到具體回應。前者則不同，因為這直接涉及生計，是她們翻轉命運的一線生機。過去，臺北市長陳水扁廢公娼，她們發動如影隨形的抗爭行動；這一次，如果沒有一定程度的妥協、安撫，難保不會功虧一簣。

所以，溝通的進行主要就放在娼妓團體。如何從傳統士大夫的角色，坐下來與娼妓對話？就像江前部長很好奇：「很難想像，穿著唐裝、文質彬彬的劉秀才，與娼妓坐在一起談法論事，會是什麼畫面？」

於此姑且透露一點祕辛，有一次訪談幾位娼妓，一開始她們對政府人員充滿敵意，尤其一提到警察，更是恨得牙癢癢，大罵有些不肖警察既要吃又要拿。

我開玩笑地說：「姐啊！麥生氣啦，恁也是警察捏。」

娼姐氣嘟嘟地說：「我們又沒在『隨小』（按：倒楣），做警察仔。」「耶，毋通這樣講，我講個小故事，你們就知道，為什麼你們也是警察。話說香港有位一樓一鳳的小姐，到附近麵館吃飯，三位彪形大漢進來吃完麵，拍拍屁股就走人，老闆也沒吭氣。小姐很好奇的問：『為什麼不收錢？』老闆說：『你難道沒看到，他們嘴上都有一搓鬍子。』小姐說：『是呀！我看到了，有鬍子又怎樣呢？』老闆說：『嘴上有一搓鬍子就表示他們一定是警察。』小姐喔一聲，沒再搭腔。小姐吃完麵，也拍拍屁股就走人，不給錢。老闆追過去把她揪了回來，質問為什麼不給錢？小姐右手立刻撩起長裙，腳蹬板凳，一副黃飛鴻的十三姨架勢，左手示意老闆往下看，很小聲地說：『看清楚了？有沒有鬍子？我是祕密警察。』」

娼姐們噗哧一笑，敵對的態度頓時軟化，也營造了很好的溝通氣氛。當然這樣帶有顏色的笑話，實在低俗而難登大雅，可是，面對不同的族群，融入當下的次級文化，本來就是進行有效溝通、對話的必要條件。

過去在政府「不准新設、禁止移轉、逐漸淘汰」的統一政策下，公娼戶逐漸凋零；即使還存在，也都只能苟延殘喘，至二〇一一年七月間，僅剩桃園的天天樂、臺中的夜成、白蘭花、瑤池仙府、桃花江、臺南的夜巴黎、宜蘭的水仙閣、百合花、月成閣、松月屋、澎湖的沁樂園等十一家妓女戶，都已趨殘破，衛生條件奇差，而合法妓女不到五十人，別無求生技能，平均年齡則超過五十歲，也日益凋零，卻仍須出賣身體勉強換取一頓溫飽，處境堪憐。

我一直站在同情的立場，原希望能設計一種機制，讓這些既存妓女戶可以在原地址「原規模」繼續經營；換言之，就是要修正「逐漸淘汰」的政策，讓這些場所可以轉讓、繼承，藉此更新工作環境，如各地方無意規劃設置性交易區域，至少還能較現況有更開放的空間。我的想法是，雖然沒辦法達到一百分，完全滿足她們的需求；至少也要能比現在更好，而不至於比現在更糟，好好改善、經營，還可以保有一絲命脈、希望。

這樣的想法，也頗得娼姐們的認同。有些媒體朋友表示很納悶，這些「如影隨形」的團體，後來為什麼不再有反對聲浪？箇中或另有緣由，但至少能做的，我已盡全力去做了；她們也相信，內政部這一位「書生」是真正打從心裡關心她們的生存。

第三關，政務委員審查。

正因上述理由，內政部報送行政院審議的社維法修正草案第九十一條之一第三項原條文為：「本法中華民國一〇〇年十一月四日修正之條文施行前，已依直轄市、縣（市）政府制定之自治條例管理之性交易場所，於修正施行後，得於原地址原規模繼續經營。」這是對娼姐們的承諾，要讓她們有機會翻轉命運，這個條文也已經跨部會研商通過。

江前部長本來只是禮貌地先拜會主審內政法案的政務委員羅映雪，原以為應該不會有什麼問題。萬萬沒想到，羅政委竟堅持反對該條文。也許是出於她個人對反娼的一貫信念，也許是被辦公室主要幕僚所提供的錯誤訊息誤導了。

該幕僚提出一種說法，認為桃園僅存一家妓女戶，坐落所在中山路、民權路口及附近的文昌公園，流鶯到處流竄，治安甚差，被桃園警方列為治安顧慮區域之首，可見妓女戶的經營會導致治安惡化，應早日剷除，不能讓它再生。

其實，這是嚴重因果顛倒的觀點。所說的這一家妓女戶就是天天樂妓女戶，根據我田野訪談及實地勘查，早從一九五〇年代，當地就已存在多家公娼館，因為政府「禁止移轉、繼承、轉讓」的政策，負責人因年邁相繼死亡後，各家公娼館先後被警察局廢照，原合法妓女既無其他謀生技能，只能繼續賺取皮肉錢討生活。而因她們長期生活於此，地緣關係，乃轉變為非法流鶯，流竄附近，削價攬客。至於合法的妓女戶，有公定價格，登門買春的都是內行的，根本不需要在外招攬生意，即使有之，充其量只是在妓女戶門口擺擺姿態，絕不會四處流竄。將治安問題歸責於這些弱勢女子，誠屬不可承受之重。

遺憾的是，無論如何說明、如何為公娼喊冤，羅政委都不為所動；江部長極力說服、尋求支持，也沒用。內政部甚至願意退讓，至少在「地方規劃設置性交易區域」前的過渡階段，不要趕盡殺絕，也不被接受。為求本修正案能順利走出行政院大門，最後只能無奈依羅政委意見，將「得於原地址原規模」等字修正為「依原自治條例之規定」繼續經營。

數字之差，其實就斷送了既有公娼戶枯木逢春的一線生機；質言之，如果是「得於原地址原規模」繼續經營，只要不擴大，公娼戶可以翻新，也可以轉讓、永續。而所謂「依原自治條例之規定」，就是完全照現有的管制政策，不得新設，且不得遷移地址、擴大執業場所、改變名稱、轉讓、出租、繼承及變更負責人。

而事實上，該既存性交易場所的負責人，都已屆七老八十，不出幾年恐都已亡故，在不准轉讓、繼承、變更負責人的政策下，必然全部遭到淘汰。其結果，既有的公娼戶隨風消逝，新的性交易區域短時間內又不太可能迎日而升，政府所謂「適度開放」，難免被譏為畫餅充飢，不切實際；最後會有這樣的結果，實非內政部設計的初衷。

無法信守諾言，做到最起碼的保證，對娼姐們深感愧疚。適二〇一二年間，日日春推動妓權運動的重要根據地「歸綏街文萌樓」，因有人以合法使用權人身分提起「請求日日春遷離文萌樓」的訴訟，士林地方法院判定日日春應搬離。日日春必須提供三百三十萬元的擔保金提存到法院，才能維持使用文萌樓狀態。日日春亟需各界伸出援手提供借款。我就將所著有關性交易管理法制的《情色危機》（元照出版）一書的版稅，具名全部匯進指定帳戶，為協助其打官司略盡棉薄。後因有某熱心公益人士全額支助該擔保金，協會工作人員來電已無借款需求，擬退還借款，我當即表示，全部轉成捐助協會聊表補償。

第四關，立法院。

本來，內政部部務會報於四月底就已審議通過社維法部分條文修正草案，但因總統要在五月二十日發表施政三周年總成果，奉指示暫勿報行政院，以免新聞失焦。俟五月底才報行政院，經行政院院會在二〇一一年七月十四日通過，即函送立法院，因值立法院休會，立法院於九月十六日始將法案交付內政委員會審查。

事實上，於大法官作出釋字第六六六號解釋前，立法院就分別於一九九九年四月二十八日及六月二日，由國民黨立委鄭麗文及民進黨立委黃淑英、親民黨立委黃義交領銜，跨黨派連署，「刪除罰娼條款」或「修正為罰嫖不罰娼」的兩個提案。鑒於時間緊迫，經江部長多次請託，王金平院長於九月三十日召開朝野協商決定：「將三個版本由內政委員會抽出，逕付二讀，併案交付朝野黨團協商。」

然而，一直到十月中旬，立法院並未有任何動作。有次，我去拜託某黨團負責人，他說：「不用急，不要理大法官解釋，理它幹什麼，就像釋字五三〇，說什麼司法院組織法應在二年內檢討修正。立法院沒理它，十年過了還不是沒事。」

我解釋說：「情況不同，五三〇只說要檢討，沒有說司法院組織法失效，你不理它，原來的組織法繼續適用不受影響；可是根據六六六，如果沒完成修法，罰娼條款十一月六日就失效，代誌就大條了。到時候就會滿城盡帶黃金甲。」

「這麼嚴重喔!?」他這才理解事態嚴重，非處理不可。

十月下旬，有兩、三次的協商，但都沒有實質的進展。民進黨黨團總召柯建銘對行政院拖了這麼久才將法案送來，頗有微言。江部長說明問題的複雜與協商的困難，到現在還是有雜音，柯頗不以為然，批評內政部沒效率，早就該溝通協調了。

話雖如此，隨著失效期限的逼進，多數立委已漸能理解，不能讓「規範空白」變成性交易全面開放的情形發生：不管怎麼處理，終究必須面對，必須處理，法律不管怎麼修，要修得更開放或更緊縮都可以；但無論如何，一定要適時完成修法程序。

柯總召原邀約十一月三日下午四時到他研究室，最後再「喬」一下。我依約前往，但辦公室助理說總召還在開會，要我先等等。約莫過了半小時，只見一群女士氣沖沖地從柯總召的會議室走出來，把一臉尷尬的總召晾在後面，邊走邊對罵。其中幾位是我認識的，都是非常關心本案的婦團代表。

看到這種很熟悉的場景，會心一笑。總召一看到我，開口就說：「這麼難搞！算了算了，趕快過，照你們的版本也沒關係，快受不了了。」

十一月四日（星期五），就是立法院必須三讀通過、總統公布的最後期限。預定上午九時三十分在立法院議場後休息室，由王金平院長主持黨團協商。

由於過去在立法院服務的經驗，深知立委問政的需求，如果真的不能滿足他／她所要的，至少要讓他們有個交代，尤其是對背後所代表的壓力團體交代。所以當日前夕，我就預擬了三個還算「很有內涵」的附帶決議備用。

一大早，先與部長沙盤推演，「戰術」上要怎麼進行？部長指示，先讓委員討論附帶決議，也許訴求目的滿足了，對條文就不會那麼堅持。

協商一開始，王院長接受江部長的提議，先讓協商代表討論附帶決議。果然取得很大的認同與共識，趙麗雲委員與柯建銘委員，分別代表國民黨與民進黨黨團領銜，提案其中兩個相同的附帶決議[5]。後續對修正條文大原則、方向，並無太大歧見，只是就枝節部分有些調整。固然其中還有一些修

5 另一個預擬稿，則由趙麗雲委員於三讀通過後發表感言；兩個附帶決議如下：一、基於人性尊嚴的維護，政府整體政策不鼓勵將人的身體物化，作為交易的客體。因此，性交易服務者如有轉業意願，政府應該積極提供協助，強化其職業訓練輔導，使其擁有其他工作技能，無須再以性交易為謀生手段。二、本法通過後，警政署應儘速擬訂執行取締之裁罰基準，俾基層警察機關有所遵循。對於本法修正條文施行後新增處罰對象部分，應於施行日起三個月內，積極宣導，廣為周知。於宣導期內，對於因不知法律而違法，其情節輕微者，應納入裁罰基準之考量。

正意見與體例不符，不過趁著委員七嘴八舌，部長小聲交代我，不要太講究法制完美，能完成修法才是大戰略目標。

才一個多小時就達成共識，王院長當場還很感性地說：「這麼複雜的問題，能這麼迅速協商出結果，要感謝大家，內政部同仁也真的辛苦了。」王院長急著離開趕去主持院會，要我協助立院幕僚整理好文字後，提供院會審議。

本來依立法院慣例，如協商完成，院會就直接宣讀協商結論，通常不再表決。但因來得太趕，過得太快，走得太急，議事幕僚人員忙中有錯，忘了提醒協商代表簽字。黃淑英委員即要求表決，所幸大家還是遵守君子約定，結果以四十比二的懸殊比例，照協商版本通過，十二時二十二分順利完成三讀；立法院幕僚也迅速配合完成內部相關法制作業，於下午四時許以最速件咨請總統公布；總統府旋於六時許完成法律公布程序。

依中央法規標準法規定，新法於第三日起，也就是十一月六日，凌晨零時生效，正好可以與司法院大法官於九十八年十一月六日作成的釋字第六六六號解釋所宣告的「兩年後（即一〇〇年十一月六日）失效」，達成無縫接軌。

兩年來，各界所憂心的因法律空窗所可能引發的情色危機的定時炸彈，就像好萊塢電影情節一般，有驚無險地在最後一刻拆解。

第五關，地方政府的後續作為。

有限政府所擁有的資源，絕不可能充裕到每一個國民的要求都能獲得實現，更不可能讓每一種意見都反映在條文之中；法律的立場只能充當公正的調解人，評斷所有相互競爭的需要與主張，去異求同，而真正重要的是，使法律程序能與「現存」社會正在發展中的需要配合。新的制度，並沒有完全向國民的多數價值觀傾斜，也沒有拒斥少數價值的期待，「適度開放」的政策決定，就是要為發展中的需要，為少數價值的期待，開一扇窗。

部長原來交付的任務，只要能將無端被大法官打開的「潘朵拉盒子」蓋回去，就是大功一件。我除了未負所託，蓋回潘朵拉盒子，同時還留下了「希望」。「希望」本來應有兩個，但其中最簡便而不費事的一個，被羅政委給毀了；最後只剩一個，就是「直轄市、縣（市）政府得因地制宜，制定自治條例，規劃得從事性交易之區域及其管理。」（第九十一條之一第一項）

縱使多數國民的道德價值觀，仍不能接受「性交易合法化」；「性交易合法區域」的規劃在地方首長道德選票的壓力下，也不可能立刻實現。但我們也不能因「道德普遍性」的唯一需求，就必須毫無怨言的囚禁在「道德」的鐵籠裡，任由多數意見為「鐵籠門」安上鐵柵欄。因此，這一扇窗不是現況，而是未來；不是海市蜃樓，而是希望。

就如趙麗雲委員在三讀通過時的感言：「我們整個修法方向，能夠容納各方最大的公約數，把我們所謂憲法對人權的保障，把國際公約對人權的普世價值，尤其並兼顧到社會主流民意，對有次序的漸進開放所有原則做了最大努力的協商。」

外界常存在一種批評，說中央把問題丟給地方。這種批評並不公平，中央其實已經做了一個最核心、最困難的決定，這個決定就是所謂的「適度開放」。而不像以前的駝鳥式政策，分明無法根本廢除，卻總是標舉道德大旗，一方面聲言全面廢止，又一再用「緩衝兩年」來逃避壓力，兩年到了，還是廢不了、禁不掉。

大法官也是給兩年的緩衝，但如果不能回應「平等原則」的要求，及時修法，規定就失效，也就是全面開放。如果中央坐視兩年期間的到來，什麼都不做或做不來，就放任讓該法自動失效，一籌莫展，然後把責任推給大法官，辯稱無效是大法官宣告的；或者，暴虎馮河，送出一個標舉道德或高度理想的法案，根本不可能被接受，屆時通不過立法，就推說立法者怠惰。這樣的態度，才是真的不負責任。

中央並不是什麼事情都沒做，社維法的完成修正，正標識著中央政府已承擔起挑戰歷史的任務，公然揭去「泛道德主義」的假面具，直接面對問題，翻轉長久以來的政策思維，從「拒斥」走向「接受」，從「禁制」、「廢除」推向「規管」。

「適度開放，有效管理」，我們非常努力、有計畫地經過長時間對話，歸整出社會最大公約數。而將得從事性交易活動的場所，限制在與道德倫理秩序衝突較輕微的特定區域，也有相當的共識。問題是，應該由誰來劃定這個區域？見解分歧。本法規定應由地方政府規劃；但地方首長則多表示無此意願。論者批評，中央與地方不應相互推諉。如何因應這棘手的難題，只能回歸憲法的高度，尋找答案。這就涉及有關中央與地方垂直分權機制的議題。

概念上，憲法第一百零七條至第一百十條對國家專屬事權、自治事權與得委辦的事權，已予臚列分明，但在實務的運用上，卻充滿模糊概括。即使地方制度法第十八條至第二十條及其他專業法律已進一步將自治事權具體化，事實上則仍受相當的侷限，識別上並非不辯自明，而需從法理邏輯上層層庖解，才能析其內裡。

特定權限是否分配地方，李區（S. Leach）、史都華（J. Stewart）與華許（K. Walsh）等人在研究英國中央政府自一九八〇年代至一九九〇年代間所採行分權政策後，歸納出可接近性、政治參與和代表性、以及效能與效率三個準據。制憲者的意識型態中，是否存有事權劃分的判斷基準，不得而知；但單從憲法第一百十一條的「事權性質」的指令，其實任擇一項公共事務，除典型事例外，幾乎都很難用「一致性」的抽象概念就可以明確切割，斷定是否有全國統一的性質，或因地制宜的必要。各國都是在法律層次，從資源配置與管理效能的評估上予以劃分。因此，主流傾向的見解，基於憲法第一百十一條規定，認為立法院才是解決中央與地方權限爭議最終的權力歸宿。

性交易管理政策牽涉許多層面，屬綜合性管制政策，非單純警政、社政、勞工、衛生、工商管理或都市計畫、地政等事項，憲法及地制法所臚列的事項，均未規定及於「性交易管理」，且在中央法律，如刑法、社維法對性交易活動既已加以規制，如果沒有同位階法律的鬆綁，地方無權凌駕刑法的規範，中央所能做的就是在法律政策上解套。

為維護人類尊嚴、國民道德與家庭倫理，國家對於性交易問題應建立一個統一的核心價值，這一部分，中央責無旁貸。對於兒童與少年的性交易，中央以法律完全禁止，並確認其本質就是剝削；在成人世界，也接受絕大多數民意，反對將人的身體物化，作為交易的客體。但又不能不正視「自然生理需求，無法全面禁止」的現實觀點，因此，仍有必要適度的開放；一方面對於現存合法場所，給予保障；一方面，賦予地方政府規劃特定區域的法源。其性質相當於憲法第一百十條第一項第十一款及地方制度法第十八條、第十九條第十三款所規定的「其他依法律賦予之事項」。

中央僅在法律政策上，劃出一致的底線（基本要求），至多只能框架式地規範。至於執行層面，具體決定哪個地區可以規劃為可從事性交易的空間範圍，鑒於各地方民情風土不同，居民接受程度也有地域上的差異，是否對一般人生活安寧造成干擾？是否與當地人心教化、宗教信仰相衝突？其區位的選擇與土地分區使用有密切相關。從可接近性、人民參與和效能的角度，規整其事務的本質，自宜因地制宜，而不宜由中央統一、片面指定。

依憲法第一百十一條規定意旨，劃歸地方自治，地方自治團體沒有非做不可的義務，「是否」規劃及「如何」規劃，享有高度的裁量空間。如果民情風俗上認為有需要，就透過民意機關在中央法律所定的限制框架內，制定自治條例，再由地方政府具體規劃。這樣的權限分配，無論在憲法層次、執行層面，都屬合宜，也是尊重國土空間規劃自治高權的當然結果。

當然，這對地方政府來講，會有壓力，不像在社維法的修法過程，是中央單挑大樑，獨自承擔所有壓力。特定區域的劃定，終究不是在詢問結婚意願，每個新人都會高喊「我願意」；相反地，它深具「鄰避」性，地方首長紛紛表示沒有意願，可以理解。但無論如何，中央地方，各有權責；分官設職，各有所司。對重大社會民生問題的解決，也應本其擁有的資源，共同承擔，協力解決；從功能性考量，完成完善的治理。

法律研修過程中，簡次長不只一次問我，為什麼記者在訪問日日春成員的時候，受訪者總是喜歡吟唱晚唐李商隱的〈夜雨寄北〉？

「問君歸期未有期，巴山夜雨漲秋池；何當共剪西窗燭，卻話巴山夜雨時。」

這與台語流行音樂創作歌手詹雅雯〈異鄉悲戀夢〉[6]的MV有關，這首歌的詞曲作者已佚失，原唱為樂壇前輩吳晉淮，很多歌者如蔡振南都唱過這首歌，詹雅雯翻唱時特別在曲首加入了〈夜雨寄北〉[7]，而因MV所描述的場景、命運，讓日日春的大姐們感覺就和她們的處境一樣悲涼，這首歌無疑

6 收錄在二〇〇四年的《女人夢》這張專輯。

7 不過，為了吟唱順暢起見，詹雅雯的歌將李商隱原詞的「君問歸期未有期」，調整為「問君歸期未有期」。

就成了她們心靈的撫慰。

在承擔任務後，我同樣也喜歡用這首詩來描寫自己的心情，只是對內涵解讀不同。

記者朋友一再探詢，究竟有沒有辦法如期完成立法？立法委員、名嘴也都質疑，長官的長官也不時表示關切，正如「君問歸期」，而橫阻眼前的有如巴山綿綿秋雨，池水滿漲，雖滿懷歸期的希望，卻又有無法肯定預期的猶疑與不安。最終能夠在最後一刻完成三讀，才品味到一種曾經步步驚心、而結局恬淡的細膩餘韻，我也得以剪燭西窗，用倒敘的心情，慢慢回溯這一段過程。

法制小辭典

自治事項

自治事項一般區分為「自由或自願辦理事項」與「負承辦義務但不受上級指令拘束的事項」兩個類型。所謂「自由或自願辦理事項」，是指法律未規定，地方自治團體就「是否」辦理及「如何」辦理，享有高度的裁量空間；「負承辦義務但不受上級指令拘束的事項」，一般屬法定的義務，地方自治團體無權決定「是否」辦理，僅就「如何」辦理享有不受中央指令拘束的自主決定權。

地制法第二條第二款對「自治事項」設有定義性規定，即「指地方自治團體依憲法或本法規定，得自為立法並執行，或法律規定應由該團體辦理之事務，而負其政策規劃及行政執行責任之事項。」

從條文解釋，地制法所稱的「自治事項」包含兩大部分：

一、憲法或地制法所定的自治事項

包括憲法（第一百零九、一百十）及地制法（第十八～二十）所定地方自治團體得自為立法並執行的事項，但單純從這幾個條文，尚無法區辨究竟是「自由或自願辦理事項」或「負承辦義務但不受上級指令拘束的事項」。

大體言之，如無其他相關的專業法律規定，則該類事項，可界定為「自由或自願辦理事項」，例如「資訊休閒服務業」的管理輔導，中央並未有任何立法規範，地方自治團體自得視地方經濟產業發展的需要，自主決定是否納入規範進行管理或積極輔導。如中央相應地制定了國家法律，如《社會救助法》，簡要的鑑別，條文如規定為「應」，原則上可認定為是課予地方自治團體的「法定義務事項」；如使用「得」，原則上即可認定為「自願辦理事項」。

二、其他專業法律所定的自治事項

其他專業法律規定，應由或得由自治團體辦理，且該團體得自主政策規劃及執行的事項，包括新興的公共事務，以及原已存在須加規範但為憲法或自治法律所未列舉的社會現象。前者如基因改造生物（genetically modified organism, GMO）的管理；後者，重要的範例當屬「娼妓管理」。

娼妓問題原為刑法上妨害風化罪的領域，是否為自治事項？容有疑義；警政署及各地方政府多認事屬自治事項中的「工商管理事項」[8]，但於地制法草案研擬時並未提出。嗣為因應司法院大法官釋字第六六六號解釋「罰娼條款限期失效」的要求，修正《社會秩序維護法》，增訂第九十一條之一條文規定「直轄市、縣（市）政府得因地制宜，制定自治條例，規劃得從事性交易之區域及其管理。」該法並未課予非規劃不可的義務，地方政府要不要制定自治條例，是否規劃得從事性交易的區域，完全由地方自行決定，就是最典型的「自由或自願辦理事項」。

8 內政部二〇〇〇年五月五日台八九內警字第 8980487 號函參照。

三六〇〇的小確幸——委辦事項

全國性的發放消費券，不僅是臺灣經濟發展史上的創舉，在國際上也是絕無僅有。

從政策提議到執行，短短不到二個月時間籌備，要將每人三千六百元，總計八百九十一億的「準貨幣」，安全地發放到二千三百萬國民與「準國民」手上，讓大家在經濟大蕭條時期，仍能享有一點春節的小確幸，無疑是公共行政上最艱鉅的挑戰。

如此浩大工程，絕非中央政府所能單獨承擔，而係透過委辦事項的法理，動員各級政府與二十萬基層人力，共同協力，始圓滿完成任務。

二〇〇八年間受全球金融海嘯衝擊影響，陷入二戰以來最嚴重的衰退，美、歐、日等經濟成長動能快速減弱。我國經濟成長高度依賴出口，在國外需求急遽萎縮下，企業營收銳減，連鎖倒閉、失業暴增；中央與地方政府都感受到人民痛苦的強烈壓力，消費券的發放就是在這樣的環境下孕育而生。雖然，最後因為決策過程，參雜太多非經濟性的干擾，最後並未發揮提振GDP的顯著效果。

但，平心而論，世道艱難，年關歹過，就在那個時刻，無論老老少少、男女稚幼，人手一份三千六百元的消費券，確實成功轉移了蕭條市場的冷峻。尤其，當親自將消費券送到驟然失業的父母、低收入戶家長手裡，從他們眼眶閃著淚光，我能深刻感受到，這三千六百元所帶給窮苦人家的小確幸。

正如二〇〇九年一月十四日，我以「消費券發放專案小組副召集人」身分，受邀參加臺南市政府的「府城行春」行銷活動，致詞時所說的：「各個縣市都卯足全力，要搶這筆大生意，很高興臺南府城沒有缺席。……我們雖然只發八百多億，但相信經過大家的努力，一定能夠發揮乘數效益，造就三千億甚至五千億的商機，再一次共同創造臺灣的經濟奇蹟。

當然，……生活如果過得去，大家相招來去府城觀光逛夜市，臺南有非常有名的小吃，蝦捲、蚵仔捲、擔仔麵、紅燒魚羹、鱔魚麵……，保證好吃、大碗擱滿圓。如果厝內卡散赤，平常只能甲菜埔配蕃薯，這也沒關係，消費券就是咱政府要給大家好過年，咱就拿來給小朋友買新鞋添新衣；圍爐雖然不能滿漢全席，咱最少也可以出一個紅燒魚五柳枝、豬肝炒腰仔。阿公阿媽吃百二、爸爸媽媽笑嘻嘻、小朋友各個好么飼。[1]」

消費券是臺灣經濟發展史上的頭一次，這個措施的發想從何而來？根據報載，二〇〇八年八、九月間，前新聞局局長史亞平曾向經建會主委陳添枝提出建議，可惜並無信史可考；官方的正式紀錄，乃始於同年十一月五日行政院召開因應景氣小組第十一次會議，經濟建設委員會首次提出「發放國民消費券之初步規劃構想」，其原始構想擬採內政部實施的「工作所得補助方案」精神，以年所得八十萬或一百二十萬為門檻，發放五百一十二億；並認為該案屬工作所得補助方案的延續性業務。

我奉派參加該次會議，當即提出如下意見，認為宜再審慎評估：「一、經建會構想的方案與本部的補助方案任務性質不同，前者是純經濟性的，目的在於鼓勵消費；後者則是為解決工作所得較低家庭，能順利度過經濟危

1 以國語、閩南語交叉使用發音。

機，維持最基本的生活需求，係社會福利的一環。二、內政部方案，係屬國家為因應景氣危機所提供的應變性給付行政，不需法律的依據*；但經建會的構想如無特別立法，如何說服各界接受其正當性，恐有很大問題。」

經討論後，主席前副院長邱正雄裁示：「請經建會再與內政部會商研究。」案經經建會重新研議後，兩案並呈。案經十五日媒體陸續曝光後，各界討論熱烈，是否排富？如何發放？如何使用？為輿論爭議焦點。

前總統馬英九於聽取行政院前院長劉兆玄報告後，盱衡民意反應，作成「不排富」的決策指示；劉院長乃於十一月十八日正式裁定：本案屬鼓勵消費的經濟措施，非社會福利，因此無須財產門檻規定，不排富；須特別立法。所需經費估計約八百二十九億元[2]，財源籌措採編列特別預算方式進行，全力尋求立法院支持，希望能於農曆春節（二〇〇九年一月二十六日）前發放。

十一月二十三日晚上約十時許，行政院《振興經濟消費券發放特別條例》草案拍板定案，其中，有關發放作業部分，明定「符合領取消費券資格者，應於內政部指定期間內，檢具身分證明文件，向指定之機構及地點領取。」並採空白授權的方式，明定「消費券之發放人員、發放之方式、領取

2 最後因立委不斷加碼，擴大發放對象，故預算增為八百九十一億元。

與使用之期間、領取之機構與地點、應檢具之文件及其他相關事項之辦法，由內政部定之。」正式將發放的重責大任交給內政部。

當天晚上十二時左右，突然接到廖前部長了以來電，語氣急切地告知行政院的決定，接著說：「鑒於往例，投開票作業準備至少需六個月準備時間，現在要發放八百多億，距春節不到二個月時間籌備。究竟要發給哪些

✻救急刻不容緩

工作所得補助方案是政府為對抗因通貨膨脹所造成的物價上漲壓力，有效維持他們的購買力及家庭消費能力，協助其穩定生活度過難關，並藉此提倡工作價值鼓勵民眾就業，屬救急性的措施。當時監察院曾來函調查本措施缺乏法律基礎，我即以莊子〈外物篇〉的一篇寓言回之：莊子家貧，要向監河侯借糧。監河侯說：「好的！等我收了稅金後，就借錢給你，好嗎？」莊子板著臉說：「昨天我來的時候，聽到有把聲音叫我，我回頭看看，見到有一條魚躺在車轍的地方。我問那條魚在那裡做什麼，牠回答說：『我是東海的水官，你有沒有一些水可以救救我呢？』我對魚說：『當然有啦，等我遊覽吳、越等地時，就引道西江的水來救你，好嗎？』魚說：『沒有水我不能生存，我只需要很少的水便可活著，此刻如果你不能幫我，不如早點到乾魚市場找我吧。』」

人？誰來發？什麼時候發？怎麼發？尤其，要如何有效整合行政資源，動員各級地方政府與基層人力，……等等很多問題，以前從沒有這種案例可以參考，需要縝密規劃的作業細節。我現在頭殼抱著燒。想整暝，不知要找誰……」

聽到這，已經如「青暝的吃湯圓」——心裡有數。

「たろぅ[3]說你頭殼卡好，點子又多，這件事是否可以麻煩你。不過，我先聲明，如果有困難，不接受也沒關係，不會怪你，這本來就不是你的業務。」部長分明是欲擒故縱。

「部長您太客氣了，承蒙器重，感激都來不及了，怎會推辭。就交給我吧！」其實，心裡明白，這麼緊急、重大的情況，不是開玩笑的，但除了我，還能找誰？

「不過，可否麻煩部長立刻聯繫幾個單位，明天早上七時三十分，主管或至少副主管到法規會來一起研商？」隨即開出了民政司、移民署、戶政司、會計處四個單位名單。

內政部就這樣承擔起屬經濟措施的消費券發放工作，我也在這樣的情境下被賦予統籌規劃的任務，而這四個單位，連同法規會，後來果然就構成了

3 內政部前政務次長簡太郎，廖了以部長都用日語叫他たろぅ。

整個發放作業專案小組的核心成員[4]。

二十四日一大早，幾個單位的副主管，戶政司則由司長謝愛齡親自參加，約莫一小時的時間，發放作業大綱與主要內容、相關立法要旨、分工及作業時程，即擬訂完成。隨即動員法規會全體同仁，分別按各單元，協助將作業內容擬成條文。

九時四十分，部長竟不聲不響地突然出現在法規會，大家都嚇了一跳，趕緊從座位上站起來。

「坐、坐、坐，不要客氣，我知道你們正在忙，所以沒通知一聲就自己來了。總統府剛剛來電，希望下午能夠聽取有關作業規劃的簡報，來得及提供書面嗎？」

「沒問題，部長放心，再半小時就給您送上去。」

「真的？不是開玩笑，有影才通講捏（真的才能講）。」部長半信半疑地笑著說。

十時許，很自豪地將書面報告送到部長室。內容綱舉目張，鉅細靡遺，逐一說明，部長全部認可。回辦公室即製作成向總統報告的格式，並預擬新聞稿。

4 廖部長事後曾好奇的問，什麼都還沒有的時候，你怎麼就能很準確地說出這幾個單位？

一切安排、交代妥當，立刻匆匆趕到高鐵站，準備搭十二時十一分的班次前往臺中；因為下午二時在文官培訓所南投中部園區，高、普考班有我講授的「地方制度法」課程。到車站時已聽到廣播即將發車，快步奔向月台。詎料，前腳才踏上車門，手機鈴響了，是部長打來的。

「聽說你要去臺中啊！這怎麼可以。這麼重要的事，下午從總統府回來，還要開記者會對外說明，這整個規劃，只有你最清楚。你不在，那怎麼辦？」

「對不起！事先排好的課，高普考班基礎訓練對學員很重要，不能不去……。」

「好，上課重要，我就不重要。不馬上回來，就再也不要回來。」話一說完，部長立刻將電話掛掉。

廖部長性情中人，當然是情緒話，但講的倒也是實情。因為在十二月十日成立「振興經濟消費券發放作業專案小組」，召開第一次專案小組會議前，整體規劃作業幾乎都是部長直接找我，各單位就像是瞎子摸象，充其量只能窺得自己業務的一部分，而無法掌握全貌。尤其，凌晨才交辦的任務，短短數小時，無中生有，諸多構想、執行細節、配套規範，都還存在我腦袋裡。

不情願又何奈！只好快步折回辦公室，邊走邊與訓練機構聯繫，道明原委，勢非得已，循求諒解，趕快尋人代課[5]。並直奔部長室，部長瞇著眼，笑著說：「卡歹勢，我知道那邊上課重要，可是這邊也不能沒有你。我請簡次長、翁主祕一起來，你再詳細作一下簡報。」發放作業政策方向就這樣正式確定。

當天下午，各單位將負責部分的作業辦法條文，送法規會彙整；再由法規會與民政司於二十五日上午會同整理草案初稿，同日下午，再召集各相關單位逐條審查。短短兩天，三易其稿，包含十六個條文的《振興經濟消費券領取人資格及發放作業辦法》草案正式出爐，展現了超高效率。

明顯地，動支八百多億的預算，只有中央傾舉國之力，才具備這樣的資源條件，絕非任一地方政府所能承擔；同時，中央也掌握了立法的工具，只要獲得立法院的支持，可以讓政策取得合法性基礎。同時，全球金融大海嘯，受衝擊的不限於特定的地區，而是全國所有領域的每一個角落，政府必須站在關切全域的高度，平等照顧所有家庭、個人。根據憲法第一百十一條「剩餘權分配條款」規定的意旨，消費券的發放應屬全國一致性的中央事

5 但據悉，事出突然，聯繫不及，該堂課開了天窗。

項，立法院據以制定特別條例，並於第二條採取中央事項的立法模式，僅規定主管機關為行政院經濟建設委員會，不及於地方政府，應屬符合憲法意旨的作為。

然而，消費券的發放畢竟是行政史上的頭一遭，面對經濟嚴峻情勢的緊急迫切性，以及考量到業務性質的全面性與執行能量的龐雜性，時間短短一、二個月內，如何將金額高達八百多億元的新創設「準貨幣」，迅速、安全、準確地發放到分成八種一般類型*及至少十種以上特殊類型[6]的二千三百一十九萬多「國民」與「準國民」手上？無疑是相關決策中，最棘手也最繁鉅的工作。

＊新生兒也能領消費券

依內政部所定《領取人資格及發放作業辦法》原來的規劃，發放對象僅包括二〇〇八年十二月三十一日前已出生的現有戶籍之國民、因公派駐國外於國內現無戶籍之人員（盧秀燕立委後來爭取的）、取得居留許可的無戶籍國民、取得依親居留、長期居留許可的大陸地區人民……等。

規定本來很明確，但國民黨籍紀國棟委員等卻提出質詢，要求肚子裡的胎兒也要

6 依《振興經濟消費券領取人特殊情形認定及處理要點》第二點規定：振興經濟消費券領取人資格及發放作業辦法第十一條第三項所定情形特殊經本部認定之類型及領取振興經濟消費券之人，規定如下：（一）未結婚之未成年人之父母均失蹤，或一方失蹤，他方死亡：民法第一千零九十四條第一項所定順序之人。（二）未成年人之父母雙亡或不詳、或未成年人為無依兒童或少年，且未置監護人：實際照顧之人。（三）前款未成年人年滿十五歲且有自謀生活能力者：未成年人本人。（四）未成年人之父或母於矯正機關收容中：收容中之父或母之受託人。（五）未成年人現於國內，其父母均出境二年經依法為戶籍遷出且不在國內，或均為外國人：實際

給。天啊！這怎麼可能？要怎麼確定。但這個主張，還獲得幾位重量級立委的支持。有次某重量級委員還邀我到中興會館會議室研商，我未獲授權，當然不能同意。該委員竟說：「不同意，今天就別走出這間房間。」我半開玩笑地說：「要拘留多久我沒意見，但好歹要讓我上廁所吧。」

後來不管立委如何施壓，廖部長就是不同意，紀國棟委員非常不滿，直說：「部長沒人這樣幹的啦？都不能參詳（商量）一下！」後來在預算委員會審查特別預算時，紀委員再次提案，並講白了：「如果不接受，預算就不要過。」主席盧秀燕委員只好宣布休息。盧委員私下問我：「有沒有讓步的空間？」「紀國棟畢竟也是國民黨中常委，與部長都是台中縣的，僵持下去也不是辦法。同學（盧委員政大地政系，我法律系，大一國文課同班上課）你頭腦比較好，看能不能折衷一下？」我就提出了一個方案，「如果在九十八年一月一日至九十八年三月三十一日以前出生之人，而於九十八年四月三日（也就是消費券結算前）以前辦妥出生登記的，也例外得領取消費券。」這樣就有明確的認定標準，執行上沒困難。大家的訴求都關照到了，盧委員徵求紀委員等意見，紀委員欣然接受，會議才又順利進行。但我仍要求，必須部長同意了才算數。

下午一回部裡，向部長報告，部長不悅地說：「你怎麼可以出賣我？」我委婉說明整個過程，並解釋，這與我們原來堅持的「要能明確認定的原則」沒衝突，「大概多一億，就當作給這些年輕媽媽們奶粉錢……」，廖部長這才釋懷。就這樣，辦法中多了第四條的這個規定。

照顧之人；外國人在國內者，為父或母本人。（六）未成年人之法定代理人為直轄市長或縣（市）長：直轄市或縣（市）政府指派之人員。（七）未成年女子未婚生子：未成年女子之父或母、社會福利機構或實際照顧之人；年滿十五歲且有自謀生活能力者，為未成年女子本人。（八）未成年人之父或母為大陸地區人民、香港或澳門居民、外國人，其居留證件失效或無居留證件：父或母本人。（九）大陸地區人民、香港或澳門居民、外國人為現有戶籍國民之配偶，以求學、工作、應聘或其他事由簽證入境而取得居留證件者：大陸地區人民、香港或澳門居民、外國人本人。（十）其他申報案件經本部認定情形特殊者：依個案決定領取人。

根據各方意見，歸納之，主要有三種方式：

第一種方案是委託郵局發放，優點有：一、透過郵局原有金庫保全，安全性高；二、發放時程長，方便民眾選取不同時間點領取；三、整體業務統籌由郵局執行，事權統一、利於執行。但缺點也不少，一、全國支局才一千餘個，發放點數少，恐影響發放時效，對領券人也不方便；二、春節前一週開始發放，剛好碰上農曆年前匯兌、提領業務高峰期，各郵局恐怕被人潮塞爆；三、預算經費偏高，郵局初步規劃每人次發放費用為六十六元，以發放對象二千三百一十一萬零六百三十三人估計，約需經費十五億二百五十三萬二千元。

第二種方案是由村里辦公處發放，鑒於全國有七千八百二十七處村里辦公處，發放點較多，村（里）長又熟悉里內狀態，確實有其方便。但本案最大的問題是村里辦公處保全機制不足，例如臺灣最大的村里（左營福山里），近四萬里民，一個村里長身上扛著或家裡放著上億的「準現金」，安全堪慮。而且，此既非法定義務，村（里）長是否有意願協助發放，鄉鎮市公所是否願意提供金庫保管？意見不易整合。

第三種方案則採類似選舉投開票所模式辦理，統一時間集中發放，未能到場領取者，於規定日期內再向鄉（鎮、市、區）公所領取。本案雖同樣有發放費用支出的問題，統一領取日過後尚需整理未領取清冊，並設計後續發放事宜，也增加其他額外行政成本。但其優點甚多，例如，一、一萬四千多個發放點數，便民且迅速；二、以總統大選投票率估算，於農曆春節前約可發放一千八百萬人；三、執行模式對於行政人員尚屬熟悉，且以運送選票方式處理維安事宜，對於警方亦屬熟悉，保安較無疑慮。

如採第一方案，則只要由發放的執行機關（內政部）以契約外包方式，委託郵局或其他金融機構（如農會）等辦理發放即可，無須地方政府執行的需求，消費券發放就屬純粹的中央經濟事務，中央自己立法並自己執行。

十一月二十一日經建會召開部會協調，經廣泛討論後，咸認為第三方案最為可行。如此一來，從政策的雛形與確定、特別條例的草擬與制定、執行策略的釐定，地方全無制度性的參與權；有之，只是諮詢的作用。而中央透過內政部，幾乎是以多重替代性的單行道在運作，頒定各項計畫、原則、要點、注意事項，地方全力配合。

從府際關係網絡上，消費券發放可謂是政府的全體總動員。中央行政體系固然涵蓋了經建會、財政部、內政部、主計處、交通部、國防部、法務部、外交部……等十個部會，內政部本身也投入多達十一個所屬機關及單位；然而所有發放作業層面所需的一切，則透過民政體系，動員了全國直轄市、縣（市）政府、三百六十八個鄉（鎮、市、區）公所、七千八百四十個村（里）長，地方又相應動員了十八萬七千六百八十三位行政人力與二萬二千九百八十八位警力。

套進中央與地方關係的運作模式，就是中央立法，交由地方政府配合執行。這也無怪乎，內政部會將消費券發放作業定位為委辦事項，屬內政部委由地方政府辦理的中央重大政策。

然而，依發放作業辦法第十一條規定：「內政部為發放消費券，得洽請直轄市、縣（市）政府於所轄鄉（鎮、市、區）設置消費券發放所……。」第十三條規定：「內政部為發放消費券，得洽請各級政府機關及公立學校遴派人員擔任必要之任務。」設計的原始構想，其實是有意排除一般中央與地方權限劃分「委辦事項」的概念，而尋求較不具威權意味的「職務協助」方式。

就像廖部長常掛在嘴上的「就算拋妻棄子，也要把事情辦好，不容辣嘎差（出差錯）」；當翌（二〇〇九）年一月十八日，無分男女老幼、不論藍綠黨派，全國各地都用辦喜事的心情，在溫馨歡樂的氣氛下領取消費券，其實，幕後對許多內政部參與規劃、協調、整合、督導的同仁來說，卻夾雜著一番揮淚播種、含笑收割的辛酸與欣慰。

一般來說，委辦事項不外就是訂定法規依據，出一張嘴，只負政策規劃責任，怎麼執行是地方政府的事，也就是地制法第二條第三款所謂的由地方自治團體「負其行政執行責任」。可是，從以下幾件事例，消費券發放怎麼看都不像委辦事項，委辦事項哪有這樣做的？充其量只能說非典型的委辦事項。

除了官方看得到的書面文件、紀錄，譬如以部長名義致函各級地方政府行政首長尋求支持及協助，辦理了十幾場全國村里長座談會，召開直轄市、縣市長、鄉（鎮、市）長聯繫協調會議，戶政事務所主管人員座談會……之外，廖部長還親自打電話逐一向三百六十八個鄉鎮市長，懇請基層同仁一起努力。部長同時用三個電話，機要祕書及隨扈撥通後，再由部長接手；打通的，就用紅筆勾起來，直到無一遺漏，接著又打了近千通電話給較具規模的村里長。坐在部長室，目睹他們三人六手一張嘴，忙得不亦樂乎，倒也有趣！

政策釐定之初，本來還有少數地方行政首長抱持觀望、缺乏配合意願，甚至消極抵制；經過部長如此柔軟、誠懇的協調請託後，態度才開始轉化；除積極配合內政部所規劃的各項作業規定，如「製發名冊與通知單及委託書編造作業規定」、「發放作業中心設置要點」、「各級政府消費券發放統計及協調聯繫中心設置計畫」、「消費券運送及發放過程重大安全事故處理作業程序」……等等，召開各項人員訓練、講習，並發揮活力、創意，推出五花八門的行銷策略、爭取商機[7]。

至於內部的規劃協調會議，更不知開了多少次。尤其，廖部長任內就以部為家；這樣說，一點也不誇張，近五百天廖部長吃喝拉撒睡真的全在辦公室。所以，對同仁日也操、暝也操，經常晚上十一點才「散會」[8]放大家回家。

十二月十九日（星期五），從下午五點，邊吃便當邊討論，都已經快十點了，被列入的議題還有個好幾個沒討論到。我已有點坐立難安，因為就讀國中二年級的小女夢非晚上補習，十點下課後，補習班打烊，小女生一個人怎麼辦？為安全計，也不敢讓她自己回板橋職務宿舍。不得已只好提「程序發言」，請部長准我離席三十分鐘，將女兒帶過來部長室。

7 如臺北縣政府使用消費券抽獎送黃金、臺中市送千萬豪宅活動、澎湖縣政府規劃享受擔任無人島島主（渡假行程）、彰化縣政府抽獎特獎為土地二筆，另外還有轎車、機票等大獎。

8 也不曉得那到底算不算是個「會」，只覺得未到十八日發放，永遠有討論不完的可能狀況與因應策略。

「你不在，我們開什麼會？五小時了，大家就休息半小時，吃個消夜，等你把女兒接過來再繼續。」部長體貼地說。

從徐州路到位於愛國東路的補習班來回約莫三十分鐘，夢非就待在部長接待室作功課，會議繼續進行*。當天會議持續到凌晨零時三十分才結束，夢非已累得趴在接待室桌上睡著了。

＊帶著女兒開會

由於四十歲擔任內政部民政司司長時，子女都還很小，有時帶著小孩上班、開會，也是不得已的事。記得九十年間，進行得如火如荼的政府改造委員會，大多利用晚上開會。內政部民政司負責「分權政府」分組幕僚規劃，為善盡「奶爸」責任，只能常常帶著小女夢非一起開會。有一次，會議在門禁森嚴的總統府，由總統府秘書長陳師孟召集，本分組包括內政、財政等七個部會首長出席。本來憲兵擬將小女帶到隔壁辦公室，秘書長一面揮揮手，笑著說：「沒關係，我知道夢非很乖不會吵人，就讓她留下來跟爸爸在一起好了。」一方面正經兼打趣地說：「今天有小孩在場，各位叔叔伯伯儘量長話短說；我們早點結束，不要殘害民族幼苗。」結果平常都拖到十點、十一點的會，那晚一小時就把議題討論完，七點半散會。時任主計長的林全還開玩笑地說，以後請妹妹每次都來參加，大家就可以快快回家。

部長對著睡眼惺忪的夢非說：「妳爸爸很重要，很多事都要靠他，不好意思，這段時間，把拔就借給我了。」

「我送妳一個禮物。」部長環視一番，托起唐三彩的金門風獅爺，又放下來，嘟噥著「太重了」。接著又到處翻箱倒櫃，聳聳肩，一臉歉意地說；「很不好意思，伯伯這裡沒有適合小女孩的禮物，改天再補送可以嗎？[9]」

為了整合協調全國發放作業，內政部還比照防災中心架構，於十二月二十六日假部內簡報室設「發放作業中心」。一開始，就相當災防二級開設，主管還不用在場，假日當然也不須排班輪值。趁空檔，那個星期假日（二十八日），內人邀了最高法院及高院幾位庭長、法官同事，到家裡作客、一日遊。

忙了一個多月，難得偷得小陽春的半日悠閒，十二時五分正準備步行到社區青山會館用餐，詎料，辦公室王勝毅專員來電，很急切又很小聲地說：「有緊急大事，部長正在發火，請參事趕快來。」

究竟發生了什麼事，王專員也說不清楚，只好向賓客致歉，就讓內人單獨接待，立刻飛車回部。

一到作業中心，部長已不在那，只見各單位及各相關機關值班同仁們個

9 廖部長公務繁忙，後來就忘了。一直到調任總統府秘書長，有一天把我找去，他說：「內政部太忙了，來到總統府，真的閒得發慌，日前才想起還欠令千金一份禮物，欠了這麼久。」

個面面相覷，經詢問下，始知原委。

本來，部長是一番好意，利用午餐時間來慰勞值班同仁，信口問了移民署同仁一個符合領取資格外籍配偶的數據問題，同仁直接拿桌上的資料回答，結果因為數字是滾動式的，同仁提供的數據與部長所知最新的資料有出入，部長立刻詢問在場人員；畢竟在場都是基層人員，看到部長都會發抖，更何況這種情境下，更沒人敢出聲。部長火就上來了，開始怒目咆哮近半小時。

據轉述，也許氣血旺盛、怒火攻心，雙腿發軟，幸虧資訊中心主任沈金祥在旁攙扶著，才沒跌倒，現在已回部長室休息。

後來，所有相關單位的主管，陸陸續續神色緊張地趕到。當天大家都安排了活動，戶政司長謝愛齡正與從美國返臺的小孩快樂地家庭聚餐，民政司長黃麗馨與夫婿在石門水庫愛的小窩渡假；移民署長謝立功最慘，因為當天移民署在基隆海洋學院辦學術研討會，正在與學者專家用餐，也被Call回來了……。

正在龍潭的召集人簡次長最後一個趕回來，聽完「真相」後，只「嗟」了一聲，啞然苦笑。半晌後：「也沒什麼事，回去、回去，有事我擔著，我來跟部長說明。」

不過是個很簡單的數據問題，每天都有新辦登記的出生兒、外籍配偶……，數據是滾動地，所以才會責由戶政司每天彙整最新資料向上陳報。部長拿到的是最新的版本，但因為是假日，戶政司並未同步更換作業中心桌面上的資料。其實，只要問一下戶政司同仁，查對一下就清楚了，何苦驚天動地。但部長求好心切，不容有任何差池、閃失，其心理所承受的壓力之大，由此可見。

廖部長一絲不苟的剛烈性子，在最後應對消費券發放發生短差的處理上，我個人對部長「說話算話」的負責精神與作為，固然表示萬分感佩；但因部長對細微瑕疵的不容與過度放大，竟遭來排山而來的責難與檢討，至今仍無法理解，這樣做形同放血引鯊，何須如此。

一月十八日全國歡天喜地，鑼鼓齊鳴，一掃經濟衰退的冷峻低靡。一萬四千多個發放所，從上午八點開張，至下午五點結束，短短一天，總計二千一百七十七萬七千六百一十人，順利領取面額達八百三十五億一千二百八十八萬的消費券，發放率達九一．二九％。不僅締造全民運動的新猷，也創下全球經濟發展的紀錄，本來可以說圓滿完成了此一重大歷史性任務。只要將剩餘的消費券及編造未領人名冊，依原計畫轉交郵局進行第二階段發放，所有參與策劃、執行的團隊，就可以功成身退，好好睡一覺，享受這揮汗播種後的甜美果實。

誰知道經啟動「發放統計速報系統」，運作到當晚十一時十五分，發現應繳回與實際繳回的餘額，竟出現約二千萬的短差。其實，這也是在整個計畫的設想之中，包括進行異常複核及保險理賠，最後不過短差五百六十八萬，正確率高達九九．九九％；遠低於金融專業人員櫃台作業疏失補貼比例。

尤其，經檢討短缺的原因，不外是發放人員疏忽未在發放名冊內蓋領訖章，或因缺乏數鈔專業誤夾張數，考量到絕大部分都屬無心之失，廖部長並未援引委辦事項的界定，責由地方負起行政執行責任；也無意造成各參與同仁困擾，毅然決定概括承擔所有疏失。

本來，依審計法規定，各機關對經管財物如有損失，……經審計機關查明未盡善良管理人應有的注意時，該機關長官才需應負損害賠償之責。相信廖部長絕對不存在應該賠償的要件，卻將責任一肩挑，是勇於負責的表現，值得敬佩！只要將短差的原因、複核機制，充分對外說明，相信國人也一定會諒解。

可是在一月二十日晚間召開記者會，廖部長對著媒體鏡頭激動灑淚，甚至講到「如果多數民意認為他應為此下台以示負責，絕不會戀棧，一定會給社會一個交代。」透過新聞的推波助瀾，固然形塑了廖部長個人的政務官典範形象，但也讓本來對消費券發放的極高評價，突然攔腰折斷，不明究裡的民眾還以為內政部犯了什麼滔天大錯；新聞所有的焦點，都集聚在「弊端」與「究責」，讓一段時間宵衣旰食、戮力付出的夥伴的熱情，像是被潑了一大桶冰水。

雖然，行政院院長劉兆玄特致電慰問廖部長表示關切，也請「廖部長不需自責」。二十三日各地複查結果全部完成，經彙總確認短差數額。下午經建會再召開第二階段發放後續會議，會後，主席陳添枝主委特別要我轉達院長的關切，絕對不會讓廖部長補償這筆差額，也不要再提這件事。

才回到內政部，部長正準備進行記者會。這也是年假前最後一次記者會，依原先的沙盤推演，只是要說明差額清查的具體數據、分布情形與原因檢討，另由我說明特殊情形領取人權益如何維護的問題[10]。最後再由部長於俗稱小過年的當天，口頭感謝基層公務員的辛苦，給他們一點溫暖，讓複核

10 我們幾乎設想了九種可能的特殊狀況，分別設計了處理的方式，例如（一）未結婚之未成年人之父母均失蹤，或一方失蹤，他方死亡；（二）未成年人之父母雙亡或不詳，或未成年人為無依兒童或少年，且未置監護人；（三）前款未成年人年滿十五歲且有自謀生活能力者……等。慮及掛一漏萬，還概括規定「其他申報案件經本部認定情形特殊者：依個案決定領取人」。

告一段落，好讓大家能安心回家過年。也就是希望透過過年的溫馨喊話，要讓事件劃下一個圓滿句點。

萬萬沒想到，《蘋果日報》記者又問到「五百多萬短差如何處理？」我趕緊遞了一張紙條給正準備開口回應的部長，上面寫著院長的意思，部長竟將紙條揉成一團塞回給我。再度激昂而略帶哽咽說：「我說過我承擔一切，說過的話就會做到，我不會讓基層去承擔，也不會讓國庫有任何損失。」

記者會後約半小時，我按著約好的時間到部長室，準備報告《消費券領取人特殊情形認定及處理要點》的相關內容。可是一推開部長辦公室的門，只看到部長整個人癱在沙發椅上，兩眼緊閉，感覺是神經長時間極度緊繃後鬆弛的虛脫現象，雙手下垂，已經呼呼大睡。

心想，這段時間部長也夠累了，就讓他好好睡吧！輕聲唸著「新年快樂」，小心翼翼地帶上門，就下班準備過年了。

事情就告一段落了嗎？沒有。門這麼一帶上，竟也關閉了這段時間以來，與部長攜手作戰的信任關係。

二十四日傍晚時刻，部長又來電，詢問特殊情形要怎麼辦？尤其，有三個小朋友父母雙亡，由姑姑在照顧。很渴望能在過年前領到消費券。我告訴部長：「只要有小朋友的國民身分證或戶口名簿或戶籍謄本，及村（里）長出具的實際照顧的證明文件就可以了。」

部長又問：「我們規定在哪裡？」

「我們有一個處理要點，馬上給您送過去。」這時，我才驚覺自己疏忽了，只想到讓部長休息，忘了應該留一份完整的要點與附件在他桌上。趕緊打電話給還在中華電信「消費券諮詢中心」值班的洪副執行祕書，請她立刻回部呈送該要點。半小時後，洪副執祕回電：「已經送到部長室了。」

二十五日，也是除夕當天上午八時許，部長來電質問：「要點怎麼沒送到。」我回稱：「昨晚我已經請同仁送過去啦！」部長一聽就掛了電話。

不到十分鐘，電話又響了。「啊是送給鬼喔！沒有呀！」才說完又掛掉電話。

我隨即電詢洪副執祕，真的是連環失誤。其實，她趕到部長室的時候，部長室已經都熄燈打烊了，她就往門縫一塞。是已經送到部長室了沒錯，但沒有人接收，第二天可能就被當垃圾清理掉了。

不到三十分鐘，電話又響了。「你馬上過來，我在辦公室等你。」沒說是什麼事[11]。

11 後來才知道，不過是要親自給那三個小朋友送消費券，需要三個消費券專用的紅包袋，比較討喜。

我實在也按耐不住性子了。「報告部長，為了消費券，我真做到您說的幾乎要拋妻棄子。今天就除夕了，我還要準備年夜飯、料理過年的東西，能不能請部長過年期間就暫時放過我，大年初五上班，我再向部長報到。」真不知道哪來的熊心豹子膽，敢對廖部長說這樣的話。

部長靜默兩秒，簡短一句話：「好！就這樣。」

那也就沒事了，可以好好過年了嗎？沒！

下午三點多，手機又響了。不過，不是部長，而是簡次長。

「TVBS說要就三個小朋友領消費券的新聞，做一個專訪。部長說他人在臺中沒辦法，要我接受採訪。那是怎麼回事？你曉得嗎？」

我一五一十地將三個小朋友的新聞，做了簡要的說明。

「那你很清楚，我人也在桃園，你現在還在新店吧？這件事能不能就麻煩你？」

「可以是可以，可是我正在準備年菜，沒辦法出門。能否用電話採訪？」

「沒關係，我就告訴記者，請他們跑新店一趟。」

約莫四十分鐘，經青山鎮社區中央控制室保全人員通報，記者簡先生來訪。我正準備煎蘿蔔糕，趕緊拿掉圍裙，就到門口迎接。本來想請他們進客廳，但攝影大哥謝先生看上我家大門的裝置，右邊掛了一長串鞭炮、左邊迎春花，透過簍空的鐵門往內延伸，部長送的一大盆蝴蝶蘭，玻璃門上又貼了牛年的一對春聯，加上我又穿著一件臺北縣府平溪放天燈特製的大紅色絨毛罩身外套，從攝影機鏡頭看出去，年味十足，太有感覺了，簡記者一直「嘖嘖」稱美，表示在門口就好了。採訪約二十分鐘後離去，終於可以好好過年了。

一月三十日年假結束，開春第一天依約立刻向部長報到，誰知部長一看到我，立刻板起臉孔，劈頭就罵：「我這輩子最無法接受的就是欺騙，尤其是我最信賴的人竟然騙我。」

我有點丈二金剛，不知所以然：「部長，我什麼時候騙過你！」

「明明沒有，還說有；有，卻說沒有。……」

「部長息怒，您說的是哪件事？」

「不必說了，你出去！」

當時我是什麼表情，自己看不到。但事情一定要搞清楚。一出部長辦公室，就立刻找部長室主任王銘正兄。銘正說他也不知道，究竟是怎麼回事。我們就稍微梳理了一下頭緒，最後得到一個可能：所謂「沒有卻說有」，指的應該就是「認定要點」，沒送卻說有送；「有卻說沒有」，指的是明明還有時間專程到「攝影棚接受採訪」，卻說沒時間到部長辦公室。

前者，確實是陰錯陽差，我不怪任何人；後者則是一場「美麗」的誤會，因為當晚除夕夜，看到帶狀重複播放的新聞，已經有很多親友以為我到電視公司接受採訪，只因畫面實在太美、太有年味的fu了。

「知性好逗陣，過幾天氣消了就好了。」銘正說。

但，一過不是幾天，而是三個月。這一段時間，與部長的關係幾乎降到冰點；有時，甚至感覺自己在部長面前，好像空氣。不過，五月一日，部長在消費券發放作業論功行賞時，還是給了我一次記兩大功的殊榮[12]，同時，主動遴選我赴新加坡李光耀學院接受全球化訓練。還有，因為處理可能涉及嚴重疏失某風景區的公安問題，受到部長高度重視與肯定[13]，彼此關係才漸漸回溫。

直到八月八日的莫拉克颱風，行政體系雖已投入最大能量積極搶救，但畢竟發生小林村土石流滅村、六百八十一人死亡的慘劇，又有空勤總隊UH-1H直升機墜機的死亡事故，劉兆玄內閣在各界壓力下於九月十日總辭。廖部長也於總辭前兩天經證實，將調任總統府祕書長。

12 文職公務人員要一次記兩大功，是非常不容易的事，我在內政部前後兩度一次記兩大功，另一次是性交易管理新制的規劃。

13 因內情事涉複雜，且對特定政治人物臧否，相關事物已淪為八八水災波臣，無從舉證，姑且隱而不提。

總辭前一天（九月九日）下午，廖部長又把我找去，「做嘎流汗，讓人嫌得流涎。真希望當時也能搭空勤直升機一起摔下去，一了百了，還能萬古流芳，也不用像現在受這麼大的侮辱。」說著說著，眼眶泛紅。接著從抽屜裡拿出一張支票遞給我：「說到做到，這是我到任至今十五個月又二十天的薪水，每個月實際領取十五萬六千七百三十八元，總計二百四十五萬五千五百六十二元。如果審計部到時候說內政部有責任，你就把這張票交出去。」

「百分之百不會有責任的啦！」

「如果沒責任，也不要再還給我，就捐給慈善團體。」

「感謝部長這麼信賴我，我何德何能，請恕我不能接受如此重要的任務，建議是否交給簡次長。」順手將支票還給部長，就這樣向部長鞠躬道別，結束一場波瀾壯闊、高潮起伏的臺灣消費券發放歷史。

法制小辭典　委辦事項

各級政府依憲法或法律的配賦，各有其權限；各級行政機關依其組織法規，也各有其職掌與任務分配。中央與地方機關各在自己的管轄範圍內處理自己的事務，由此與人民發生公法上的權利義務關係。

然而，我國並不存在派駐地方機構的概念，中央未必能夠承擔權力實現的所有步驟，也不可能事必躬親，為因應實務需要，可能從功能上考量，只保留決策權，而將管理權、裁量權轉移給地方政府，形成一種行政上的職權委付關係；地方自治團體雖以自己名義辦理被委付的事項，但卻受國家指令的拘束，而無裁量空間，其角色相當於國家的派出機關，或可視為「準國家機關」。

這種職權委付關係，在法制上乃包含地方制度法上的委辦關係與行政程序法上的委託及委任關係。

「權限委任」係指隸屬關係之上級機關，依法規將其權限之一部分，交由其所屬下級機關執行（行政程序法第十五條第一項）。「權限委託」指行政機關基於業務上需要，依法規將其權限之一部分，交由不相隸屬之其他機關執行（行政程序法第十五條第二項）。「委託行使公權力」則指行政機關依法規將其權限之一部分，委託民間團體或個人辦理（行政程序法第十六條第一項）。

至於「委辦」，一般認為憲法所規定「得自為立法並執行或交由省

（縣）執行」的職權委付形態，就是地制法所稱的委辦事項；地制法第二條第三款並設有定義性規定，即指「地方自治團體依法律、上級法規或規章規定，在上級政府指揮監督下，執行上級政府交付辦理之非屬該團體事務，而負其行政執行責任之事項。」

其實，無論是委託、委任或委辦，都是職權委付，也就是「委由……辦理」的意思，至於在行政實務上，究竟採委託、委任或委辦，則視委付機關與受委付對象的關係，採取「適當功能」原則，委付給下級政府、下級機關、不相隸屬機關或民間機構。如果是對垂直分權體系的下級「政府」，進行整體委付，則屬「委辦」；對所屬下級機關則屬「委任」，對不相隸屬機關（含同層級或不同層級行政主體的個別機關）或民間機構，則為「委託」。

命根子被掐——依法行政

依法行政原則雖是公務人員信守不渝的天條，

但它絕不是套死孫悟空的緊箍咒。

方法是人想出來的，辦法是人定出來的；

如何運用所擁有的權力、工具，讓「法」從阻力變成助力，

既能依法而行，又能落實施政，需要靈活的思慮與創意。

河川整治究竟能否對「違佔戶」核發所謂的獎勵金、補助金及救濟金？這對地方公務人員提供了一個活生生的教材。

精省後，臺北縣率全國之先，於一九九九年制定了《臺北縣興辦公共工程用地地上物拆遷補償救濟自治條例》，對於違規使用河川公地的違佔戶，仍得分別依一九九二年一月十日及一九九九年五月二十六日兩種期間限制，

按不同比例核發救濟金，解決了這個大家習以為常卻又走在法治鋼索上的難題。

依據《水利法》規定，洪水位行水區域的土地，為防止水患，得限制其使用，其原為公有者，不得移轉為私有；其已為私有者，主管機關應視實際需要辦理徵收，未徵收者，為防止水患，並得限制其使用。

但事實上，根據統計，臺灣河川內約有近八萬公頃的公有地，因一九五〇年代臺灣需要糧食生產，政府就建立「河川使用許可制」，農民勤勞種植，一方面嚴格限制轉讓，一方面不許荒廢[1]，鼓勵農民只要繳交農收十分之一的「蕃薯租」[2]，就可使用；嗣因年代久遠，疏於管理、稽查，導致大量被私人佔用。另外，私有地也達二萬公頃，政府囿於財力，無法辦理徵收；即使已辦理徵收後，因尚未進一步施設公共設施，原有農民，甚至其他人，又以簽立「如政府擬收回，願無條件返還，絕無異議」的切決書，向當地政府要求，繼續使用，甚至擅自使用。

本來河川公地是行水排洪用的，政府只是許可使用，並非真正的出租，理應要收回就可收回，事實上農民也都簽有上述的切結書。但請神容易送神難，每遇政府因興辦公共設施或整治河川需要收回土地時，農民便群起抗

1 如臺北縣政府於一九八七年六月三十日前核發的「臺北縣河川公地種植使用許可書」，第四條規定：「不得將河川公地轉讓他人使用，亦不得荒廢河川公地或假名矇請許可。」第六條復規定：「使用人如違反本許可書第三、四、五條或左列各款情事之一者，不論何時得命令其暫行停止使用或撤銷許可權。」

2「蕃薯租」就是農民向政府申請許可使用河川公有地時，租金是以蕃薯計價，意即若種地瓜一公頃可以收二千元，政府就收非常便宜的二百元租金。

爭，要求補償費或救濟金。

整治或改善河川，光是合法的私有土地徵收補償，籌措財源就已經非常困難，非常棘手；還要去應付這些公有地的許可使用戶及違佔戶[3]。

負責辦理徵收的地方政府不堪其苦，民意代表更常有夾帶式的訴求，如若不從，後果就是在議會中被當場羞辱，或預算被擱置、刪除，甚至有時因此反使工程費增加，引發更大困擾。而就如林照真與前省長宋楚瑜、省水利處前處長李鴻源等所著的《水的政治學》一書中所說，職務愈高接觸到政治上實質的干擾就愈大。縱使霸氣如蘇貞昌主政下的臺北縣政府，都難免地方民代的挾制。

一九六三年間，葛樂禮颱風造成臺北淹水，政府雖曾以爆破淡水河在臺北盆地出口最窄處的獅子頭隘口天然屏障「烏踏石」的方法防洪，未料反而造成海水天天倒灌，土質鹽化，無法種植。一九七三年，經濟部水資源局統一規劃委員會乃提出「臺北地區防洪計畫建議方案」，修建沿河堤防及開闢二重疏洪道，但因經費龐大財政困難而擱置。

一九七九年，行政院院會決議辦理臺北地區防洪計畫，時程分為三期，內含堤防工程、排水工程及橋樑工程。二重疏洪道於一九七九年奉行政院核

3 據前省長宋楚瑜表示，以臺北淡水河防洪叁期工程為例，近千億預算中，單合法的土地徵收補償費就高達七百多億。宋省長這個數字從何而來，查不到佐證，姑且保留。但這也說明了在台灣興辦任何公共設施，土地取得確實是最棘手的部分。

定「第一期防洪計畫」，於一九八二年開始實施，並於一九八四年完成，主要開闢長達七．七公里的二重疏洪道，及興建低堤及排水工程。一九八四年，政府徵收五股鄉洲後、竹華兩村和更寮村的部分土地為洩洪區，並予廢村後開闢疏洪道。第二期防洪計畫從一九八五年至一九八七年，為加高堤防高度，使之達到二百年洪水頻率。第三期計畫則於一九九〇年開始，是最重要的階段。施作包括大漢溪堤防二六．八公里、疏洪道堤防七．三公里、改建或新建橋梁三座等，總計畫經費近千億。

淡水河防洪計畫，也是全臺最大的防洪體系，終於一九九九年十二月完成，不僅新莊、五股、三重、蘆洲、泰山等地區受到保護，可抵禦二百年重現期大洪水[4]，也產生了全長為七．七公里，平均寬度四百五十公尺，面積達四百二十四公頃的疏洪道。主要是作為防汛期間疏洪的功用，臺北縣政府為滿足都會居民對休閒空間的需求，於防洪計畫完成前一年，即擬訂計畫要將疏洪道全面綠化，變成美麗而且兼具運動、休憩、生態、景觀的多功能場所[5]。

臺北縣政府原以為，疏洪道內私人土地均已辦理徵收，且都已完成拆遷、安置[6]，可以用最經濟成本、最迅速方式，成就蘇前縣長一直引以為傲

4 參水利署電子報 http://epaper.wra.gov.tw/Article_Detail.aspx?s=475F97B83FEE037A

5 即現在包括運動公園、追風公園、路燈河濱公園、親水公園、荷花公園、沼澤公園、蘆堤公園、河畔公園、圳邊公園等及籃球場、排球場、棒（壘）球場、網球場、直排輪場、足球場、躲避球場、手球場、跳遠跑道、沙坑、活動廣場、親水景觀區等休閒設施的大都會公園。

6 例如五股鄉洲後、竹華兩村和更寮村居民，雖然極力抗爭，最後還是被遷至蘆洲灰磘重劃區。

的「為縣民開闢逾三百公頃的大都會公園」。

詎料，從辦理徵收完成至興辦整治計畫時，前後歷十餘年，許多原來的「農民」，又出具「切結書」繼續使用；甚至許多非原經許可使用的新增違佔戶，並非貧窮、弱勢的農民，而是富商或富農；所從事的也並不是低莖作物[7]，而是違法超量挖池塘，設釣魚池、釣蝦池，養魚、養鴨，蓋鐵皮屋作工廠，這群人更懂得如何運作地方民意代表或惡勢力，向縣政府獅子大開口要「救濟金」。

縣政府相關單位為順利推動大都會公園的興設，乃擬專簽發放所謂的「救濟金」逾六億元[8]。公文一路從地政、工務、建設、主計、財政到政風，連同主管，行禮如儀蓋了不下五十個章。

會簽到法制室，科員、課長、專員也都沒意見。最後公文到了我桌上。前後仔細翻了幾遍，這麼龐大的金額，當時臺北縣的統籌分配稅款，每年不過八十億，一個公文就要像肉包子打狗一樣，丟出六億，通篇竟看不到一個「法」字，這樣的章怎麼蓋得下！

我沒有在公文上寫下任何一個字，直接請原簽單位課長到我辦公室取回簽呈，請他們補敘法規依據後再送過來。幾天後，地政局局長孫寶鉅拿了一

7 河川區域內，依規定只能種植五十公分以下的草本植物（如花生、蘆筍）或蔓藤植物（如地瓜、西瓜）。

8 事隔十五年，確切數字已不復記憶。

張有點模糊的影印資料到我辦公室，資料是從臺灣省政府公報印下來的、八十五年三月七日八五府地二字第一四八四〇八號函頒《臺灣省土地徵收核發獎勵金、補助金及救濟金要點》。另外，還有內政部七十七年二月十一日台（七七）內地字第五七二八四〇號函釋，略以：「徵收土地有關加發獎勵金、救濟金等，並非法定補償範圍，應由各需地機關自行斟酌狀況及實際情形發給，法令並不禁止。」

一字一句斟酌推敲之後，我輕輕嘆一口氣，請局長再交同仁好好研究一下。未料，後來再到我辦公室的，不是孫局長，而是前副縣長林錫耀。副縣長開門見山但語氣非常客氣地說：「聽寶鉅說你不願蓋章，我很瞭解你的為人，一定有理由，絕不是在刁難。不過，不管怎樣，頭仔（指縣長）很關心這個案子的進展，是不是可以拜託。」

讓副縣長親臨，我頗感不安；應該是我自己去向長官報告的，可是這其中確實有難言之隱。「其實原因就出在，這是一個涉及支付龐大經費給特定少數人的事項，不能沒有法規的依據。」

「孫局長說法規依據沒有問題，他們查過了，就是臺灣省政府的這個要點，還有內政部的函示，獎勵金、救濟金等非法定補償範圍，可以由各需地機關自行斟酌狀況及實際情形發給，法令並不禁止。」副縣長顯然有備而來，很自信地將規定指給我看。

「這規定我看過了，可以這樣子用嗎？恐怕還要再研究。我當然可以眼睛閉著，蓋空殼印仔，什麼都不說；可是，那樣是失職，也可能會害了大家。」

「會嗎？」副縣長有點不解。

「我就口頭講吧！不過你要當作沒聽到。內政部的函示是說，徵收土地有關加發獎勵金、救濟金。省政府的要點開宗明義，從第一條、第二條也表明了是以辦理徵收為前提，才有後續核給獎勵金、補助金的適用；也就是必須先有合法的權利，以辦理徵收為前提。不能斷章取義，不管立法意旨，不看前面，就直接看後面的條文，然後就說可以核發多少多少獎勵金、補助金、救濟金。」「尤其，違規佔用，不但未繳租金，還要回頭要這麼多錢，甚至數百萬、上千萬，這哪叫救濟，簡直是公然搶奪。」

「聽起來，好像有一點道理，可是，其他縣市好像也有這樣處理的，應該沒有問題吧？」

「這件事我很為難，也是我為何不蓋章又不寫任何意見的理由。因為，大家都那樣做，不知道、誤解法令的意思，做了，充其量是行政疏失；如果我在白紙黑字寫明，假如可以改變政策，倒也罷了，但這件案子很重要，在政策要求下，如果最後還是得發放，一查下來，就變成明知故犯，是圖利……。所以兩全之計，就是不要會我，當作我沒看過這個公文。」

「那就很難處理了，我再跟頭仔討論看看，該怎麼辦。」

看著副縣長離去的背影，一股山雨欲來的不安。應該說，心裡已經有準備，這頂烏紗帽可能保不住。面臨公務前程的生死交關，回家的路上，盤算著要如何向內人開口？結婚十年，我與內人因職務關係，婚前就約法三章，絕不將辦公室的情緒帶回家，尤其，不可探知或過問彼此的業務。

不過，內人大概洞悉了我的心事，主動開口詢問何故。我一五一十地說了自己的境遇，內人毫不猶豫地支持我的決定；要有法律人的尊嚴，清清白白的，不要為五斗米折腰。

當晚，一方面估量著，要如何說服長官改變心意，或至少調整作法；一方面也開始草擬辭職書*。

翌日（五月四日）才進辦公室，縣長室黃主任就來電，請我到縣長室，已經心知肚明為哪樁。一進縣長辦公室，果然長形會議桌除縣長外，還有兩

✻我的辭職書

這是公務生涯中第三次撰寫辭職書，第一次是一九九二年間，家母癌症末期，在台大醫院治療近月罔效，出院回嘉義溪口老家待「終」，為克盡孝道，特請長假南下照顧，倘若短期無法好轉，就辭去立法院法制委員會科長職務，親自伺奉湯飯、料理家務，讓母親能歡愉地度過餘生；嗣家母於回老家五日，過完最後一個九九重陽（也是家神「中壇元帥」太子爺公的誕辰），並很不尋常地、愉悅地吃了我特別為她料理的粥、菜後，即安詳辭世，我也因此銷假上班，未正式地提出辭職書。第二次，是一九九五年間，台中發生衛爾康餐廳大火，造成六十四死十一傷的慘劇，監察院指派監察委員李伸一等調查此案。歷經一個月的調查，專案小組提出一份彈劾名單，包括當時的營建署長潘禮門、副署長胡俊雄、前省府建設廳長許文志、省政府警務處長陳璧、台中市長林柏榕、台中市工務局長楊慶堂、建設局長賴炳燦、警察局長孟宜蓀等八人。不過三月十五日的彈劾審查會，卻只通過楊慶堂、賴炳燦、孟宜蓀三人的彈劾案，李伸一委員非常不滿，決定進行二度彈劾審查，於三月二十四日召開第二次彈劾審查會前夕，李監委打電話給我，表示如果仍無法通過林柏榕的彈劾案，就辭去監委職務。當天下午，我就替他預擬了一份辭職聲明。監察院最後以七票比三票通過彈劾林柏榕，該辭職聲明也沒派上用場。

位副縣長、主任祕書、機要祕書，及地政、工務、主計、財政、政風……等七個有關單位主管。

雖然，大家都已知道是怎麼回事，縣長還是按下性子，照程序首由承辦課長說明案由及簽辦過程，接著縣長就問大家有沒有意見？大家你看我我看你，沒有任何回應。於是縣長就從副縣長逐一點名詢問有沒有意見，像是在進行「唱名表決」，大家也都搖頭表示沒意見。

問過與會所有主管後，最後才問我：「大家都沒有意見，劉主任你現在還有沒有意見？」現場氣壓非常低，所有人都將眼神投注在我身上。

「很抱歉！我還是不能接受。」話一說完，氣氛頓時凝固得幾乎令人窒息。縣長看著我，從緊閉而微顫的雙唇蹦出了一句話：「你留下，其他人先出去。」

等其他人都離開後，黃主任進來輕輕將門帶上，從門縫裡使了一個眼色，意思應該是暗示我不要激怒縣長。

不發一語，直望著眼前蒼白的牆壁，空氣降到冰點。僵了半晌，縣長倏地站了起來，拿起面前的公文，「碰」一聲，往桌上重重一摔，文件散落一地。

「你去問看看，有哪一位主管沒有被我罵過、摔過公文？唯獨對你，我向來尊重，從來沒對你大小聲。就算今天已忍無可忍，我還是讓大家都出去，不要看到你被罵的樣子。」「我也是學法律的，是你的前輩，我會不懂要依法行政嗎？可是，今天我的命根子被幾個女議員掐住[9]，如果沒給救濟金，她們就不讓預算通過，你叫我怎麼辦？」

看著縣長瞪著牛鈴般的大眼，額上青筋微爆。我用很和緩的語氣說：「報告縣長，能不能請你先不要生這麼大的氣，坐下來聽我說。」

至今事隔十五年，我仍不敢相信當時在那種情境下，膽敢冒大不諱，講出那樣的話；更令我意外而佩服得五體投地的是，縣長竟然真的坐了下來。

「好，我就聽你怎麼說。」一手斜放在椅背上，一手輕拍著桌子。

「會這樣做，全是為縣長著想。想想莊育焜[10]是為什麼被收押的？不也是因為土地徵收問題而起，前車之鑑，不能不特別謹慎。」「縣長是政治人物，擔任美麗島辯護律師，看過大風大浪，也許無所謂；但一旦出事，在公文上蓋章的幾十個公務員，可能都難逃牢獄之災，至少是長期訟累纏身。縣長就算可以避掉刑責，但仍難辭監督不周的指摘。看看尤前縣長現在的處境，縣長是要取大位的人，每一步都得小心。」

9 其實，當時在盛怒之下，「用語」很「土味」，但基於對蘇前縣長的敬重，我寫得比較含蓄。

10 一九九七年在尤清擔任縣長時，地政局局長莊育焜涉及違法變更三芝鄉土地使用分區以及臺北大學徵收弊案，高價徵收三峽大來紡織廠土地，收賄港幣五千五百多萬（相當台幣逾二億），圖利港商林百欣，創下當時司法史上，國內公務員收賄金額最高紀錄。黨外政治明星尤清也因此案，光環盡失。而於尤清主政期間，淡水河行水區「亂建」「濫見」，嚴重影響水患，雖也與莊育焜有關，但論者仍批評，依美國法制，「knowing by ignorance」（有認識的「忽視」）可解為故意，縣長也應負起「故意」的罪責。

「那你告訴我，有什麼辦法？」

「辦法倒是有，但能不能請縣長不要太急，給一點時間；臺灣省政府這個要點說得不清不楚，是害死人不償命的陷阱。既然缺乏明確的合法依據，我們就自己訂個法。」

「我們有權力自己定嗎？」

「說到這我就要自豪地說了，我們今年很辛苦地推動地方立法改革，爭取到自治條例的立法權，自治條例就相當於地方性的法律。只要議會三讀通過，將來行政機關就可依法執行，不用擔心合法性。」

縣長眼睛突然一亮，可是立刻又皺了眉頭：「聽起來倒是可行，可是要立個法談何容易？地政局哪有這種能耐？沒有一年半載出得來嗎？更不用說議會那邊也未必通得過。」

「事情既然因我而起，如果縣長信得過，事情就交給我，我親自操刀，但要請縣長授權，由我直接調度相關單位、人員共同研商。」

「這沒問題，你總得要給個期限。」

「二個星期草案出爐，一個月完成法規審查，最慢五十天出縣府大門，送議會審議。」

「五十天？這不是開玩笑的。」縣長嘴角微微上揚，也疑也信地看著我。

「我願立軍令狀，做不到，就請辭以示負責。」

「沒那麼嚴重啦！我相信你一定有辦法，盡力就是了，只要在議會審查預算之前能給個交代，他們應該就不會刁難了。」「就這麼辦。」縣長站了起來，走向我，在我肩上拍兩下，晃晃頭：「嘿！真無簡單，真正給你感謝。」

一場狂風暴，就這樣雨過天晴，神清氣爽地步出縣長室。

接下來的發展，一切如所承諾，五月十日草擬完成初稿，兩度邀相關單位研商，二十六日完成法規會審查。六月八日，一部總計二十個條文的《臺北縣興辦公共工程用地地上物拆遷補償救濟自治條例》草案，如期陳報縣務會議通過函送議會。

草案主要分三大部分：一、合法建築物與雜項工作物的認定、證明及其拆遷補償、標準與自動拆遷獎勵；二、其他建築物的證明及其拆遷救濟金、自動拆遷補助、獎勵；三、農作改良物、農業機具、工廠設備、水井及墳墓的拆遷補償及無水權水井的救濟金。

其中，與本案有關的就是第三章「其他建築物」。所謂其他建築物，就是指非屬合法建築物，但具備下列任一證明文件的建築物及雜項工作物：一、建物謄本；二、戶口遷入證明；三、稅籍證明；四、自來水接水或電力接電證明；五、鄉（鎮、市）公所證明文件；六、航照圖；七、門牌編訂證明。（第四條）

既非屬合法，本來就不用發給補償費，但本自治條例第十二條特規定得依下列標準發給救濟金：一、中華民國八十一年一月十日前建造完成者：合法建築物補償費之百分之七十。二、中華民國八十一年一月十日至八十八年五月二十六日前建造完成者：合法建築物補償費之百分之三十。（第一項）八十八年五月二十六日後建造完成之其他建築物，一律不發給救濟金，並應即報即拆。（第二項）對於公共工程用地內應全部拆除的其他建築物，限於設有戶籍的現住戶，於期限內自動搬遷者，得比照合法建築物，發給自動搬遷補助費及分別依救濟金之百分之三十或百分之十，發給獎勵金。（第十三條）

這些規定的時間點是怎麼定出來的？道理很簡單但也寓意深遠。八十一年一月十日，記得應該就是臺北地區防洪計畫辦理土地徵收公告之日；至於八十八年五月二十六日，就是縣府法制室召開法規審查會之日。後者主要考量，在於法規會審查後就可能對外發布新聞，公示周知，或被傳聞出去，以這一天為限，避免民眾聞訊搶佔、搶植、濫挖、濫建。

根據草案，一刀切斷日後所有非屬合法建物比照要求救濟金的爭議，讓承辦單位有明確的標準可循，公務員可以安心依法行政；同時，依草案的設計，至少可大幅減少原來預計要核發的金額數億元。

草案送到議會後，相關議員仍有意見，遲遲無法進入實質審查程序。八月四日臺灣省政府又以八八府法字第一五七九二號函，《臺灣省土地徵收核發獎勵金、補助金及救濟金要點》溯自一九九九年七月一日起停止適用。要點停止適用後，內政部也於十二月二十二日以台（八八）內地字第八八八六五六五號函表示，「本部係代表國家行使核准徵收權之機關，有關獎勵金、補助金及救濟金之發放，既非屬現行法定補償範圍，故其核發標準自不宜由本部統一訂定。」因此，徵收土地之地價補償，是否加發獎勵金等非法定補償，尚且已失其依據，更遑論違規佔用的救濟金。

然而，二〇〇〇年四月十一日縣務會議上，縣府人事室又擬於三峽隆恩埔地段（即臺北大學特區範圍內），籌建「公務人力資源發展中心」。該地段係位於前大嵙崁溪（大漢溪）至三角湧附近，因主流河道北移，舊主流及各分流河道淤積成為陸地，座落基地共四十四筆土地，面積約二．二五九四公頃，絕大多數屬無償撥用的國有土地，僅三筆屬有償撥用，另五筆為私有土地須辦理徵收，但所編三億二千萬餘費用，逾半數（一億六千三百萬）用於公有地上非法使用的地上物、農作改良物及農具等的拆遷補償、救濟。人事室提案請同意縣庫先行墊付該案相關費用。

該次會議，縣長請假，由副縣長林萬億主持，我再次以同樣理由表示法制意見。林錫耀副縣長也認同，表示「農民租耕公有地，政府片面終止租約，給予救濟金有其歷史淵源，但在公地上的違建拆遷，竟然要給予補償金，政府機關不應該如此，人事、地政、工務等單位應該再協商討論。」會議主席林萬億副縣長乃裁示，要求人事室撤回提案再議。

因此，究竟如何處理類似問題，始終存在爭議，也嚴重影響施政的推動。經林錫耀副縣長多方與議會溝通、協調後，相關議員不再堅持。自治條例終於二〇〇〇年九月間完成三讀程序，十月十七日公布，並依第二十條規定，溯自八十八年五月二十六日起施行。

本自治條例是二〇〇〇年十月十六日我商調內政部民政司司長，離開臺北縣政府前，完成立法程序、簽請公布的最後一個自治條例，也是全國第一個為解決類似爭議所施行的第一個自治條例。

嗣後，包括二〇〇一年「土城市城林橋至北二高間原頂埔工業區路頂共構工程（頂埔段）路堤共構工程」、二〇〇二年「貢寮大橋引道道路拓寬工程」、二〇〇四年「基隆河整體治理計畫（前期計畫）叭嗹溪整治工程」及日後「東西向快速道路八里新店線第二之一標工程」……等等，違佔民眾動輒要求救濟金，縣府已有明確的規範可循，該給就大膽的給，不能給就斷然拒絕，民眾縱使提行政爭訟，最後也都被行政法院駁回。

「道路是人走出來的，方法是人想出來的，辦法是人定出來的。」我們都知道，依法行政是所有公務員奉行不渝的信條，但它相對地也像緊箍咒一樣，圈住了公務員很多的創意與想像。絕大部分的公務員，常常視法律為阻力，但如能善加運用，阻力也可變成是推動政策的助力。

做為一個法治主義守門員的法制人員，有些議題也許可以讓我們好好思考，政府有些作為合法合理，有些合法但不合理，或不合法但合理，甚至會碰到既不合法又不合理的情況；所謂的理，我們姑且定義為合乎社會理性的正義。如果我們再加上「政策」這個參數，譬如不合法不合理偏偏政策所需……。幾個變數，排列組合至少有八種情況，大家的選擇會是什麼？這是公務員最苦惱的地方，但相對地也是最具挑戰性、是最有趣味、最有藝術性格之所在。

法制小辭典

依法行政

依法行政是指行政行為應受法律及一般法律原則的拘束，主要區分「法律優越」及「法律保留」兩項。後者是積極的依法行政，意即在沒有法律授權下，行政機關即不能合法的作成行政行為，在法律保留原則之下，行政行為不能以不牴觸法律為已足，尚須有法律的明文依據。尤其，涉及憲法所定人民自由或權利的限制，更應注意法律保留原則的適用。

但憲法所保障的各種自由及權利，範圍甚廣，並非一切自由及權利均無分軒輊受憲法毫無差別的保障，大法官釋字第四四三號解釋理由書就此作了原則性的教示：

關於人民身體的自由，憲法第八條規定即較為詳盡，其中內容有屬於憲法保留的事項，縱令立法機關，也不得制定法律加以限制。至其他何種事項應以法律直接規範或得委由命令予以規定，與所謂規範密度有關，應視規範對象、內容或法益本身及其所受限制的輕重，而容許合理的差異：諸如剝奪人民生命或限制人民身體自由，必須遵守罪刑法定主義，以制定法律的方式為之；涉及人民其他自由權利的限制者，亦應由法律加以規定，如以法律授權主管機關發布命令為補充規定時，其授權應符合具體明確的原則；若僅屬於執行法律的細節性、技術性次要事項，則得由主管機關發布命令為必要的規範，雖因而對人民產生不便或輕微影響，尚非憲法所不許。又關於給付行政措施，其受法律規範的密度，自較限制人民權益者寬鬆，倘涉及公共利益的重大事項者，應有法律或法律授權之命令為依據的必要，乃屬當然。

依法行政原則可謂是公務人員信守不渝的天條，但過去，在中央集權體制下，地方公務人員普遍存在「立法恐懼症、貧血症」，凡事習於奉中央指示或函令執行職務。所謂的「法律」，充其量不過是美麗的天邊彩霞，只能遠觀而無法近玩。因此，縱令地方制度法給了「自治條例」立法權，得制定相當於地方性法律地位的自治法規，但「媳婦做久了，熊熊（突然）讓她做搭家（婆婆），煞不知要怎麼做。」絕大多數地方公務人員都不知如何運用，更不用說積極地善用自治立法來輔助業務的推動。

兩個女人的故事——地方治理

政府資源有限，尤其當遭遇大規模人命傷亡的天災地變，
國家更面臨捉襟見肘的窘境，
如何充分發揮地方治理的功能運作、自力救濟，
而非一味依恃上級垂憐，是所有地方政府必修的重要課題。
新莊「博士的家」是在九二一大地震中受損最嚴重的地區之一，
憑著兩個身軀弱小的女人的堅強意志，
卻對政府的法律扶助提供了莫大的協助。

一九九九年九月二十一日凌晨一時四十七分，臺灣發生芮氏規模七·三的南投集集大地震，造成二千四百一十五人死亡，二十九人失蹤，一萬一千三百零五人受傷，十萬餘間房屋倒塌。遠在臺北縣的新莊市，也因地震波聚

集及臺北盆地土質鬆軟所致的「場址效應」，發生嚴重災情，其中，「博士的家」社區，三棟大樓（二百多戶）倒塌，四十五人罹難，尤為慘重。

電力系統癱瘓，彰化以北全部停電，六百四十九萬戶無電可用，交通動脈、基礎設施也嚴重受創。總統李登輝發布緊急命令，全國總動員投入救災復原的艱鉅工作。面臨如此巨大的天然災害，中央政府終究不是千手觀音，也不是萬應菩薩，絕對需要地方政府的積極參與、民間資源的有效整合，乃至人民的互助自救。

搶救、安置、濟助、重建、究責，已經是千頭萬緒，還有一個受災戶非常在意，過去卻相對未受到必要關注的工作，就是法律扶助。在這一次大災難中，臺北縣政府在這方面的表現，卻受到各界廣泛的注意，行政院消保會也曾特別將本案列為日後處理類似問題的範例。

地震當天上午九時，臺北縣政府召開臨時主管會報上，前縣長蘇貞昌指示：「由法制室統籌辦理避免建商瞬間脫產、協助民眾索賠」，從那一刻起，時任法制室主管的我，就這樣一肩挑起全部求償重負，不眠不休，整整一年的時間。翌（二〇〇〇）年九月十九日凌晨一時四十七分，「博士的家」受災戶與建商等，終於就傷亡理賠部分達成和解，並在九二一周年當天，在蘇縣長及眾多媒體的見證下，將建商交予我暫行保管、合計二億四千四百三十萬的台銀本票二十張，轉給受災戶代表（消費者文教基金會）進行分配。

這其中的點點滴滴、酸甜苦辣，一一摘記在「臺北縣九二一震災法律扶助一周年筆記」（詳如附錄）。於此要說的是，之所以能不負使命，圓滿達成任務，是結合了所有能提供奧援的機關（包括司法院、行政院消保會、法官、檢察官、新莊市公所……等）、民間組織（主要是臺北律師公會與消費者文教基金會）、媒體的訊息傳遞與諸多個人的共同努力、無私奉獻。其中，尤其要歸功於兩個女性，其中一位是受災戶中遭遇最悲慘的蔡麗香女士，一位是人道律師楊正華。

在九二一大地震中，麗香的丈夫和小孩全都被倒塌的大樓擠壓得血肉模糊，最後只能靠DNA比對身分。麗香從一個無神無魂的軀殼，在楊律師的扶持、鼓勵下，心靈得以昇華幻化；她只有高中學歷，可是經由不斷地進修、自我挑戰，在九二一的五周年前夕，出版一本書《重生》，敘述自己如何走出陰霾的心路歷程；也反映許多同命人如何面對未來、相互砥礪的真摯告白。

故事（如果把它當故事來回溯的話），就從這本書說起：

二〇〇四年八月二十三日，正準備去參加部內「政風會報」，麗香來電說準備出版《重生》一書，請我作序，一方面出於先睹為快的企盼，一方面也因為對作者浩劫餘生後心境、生活的關切，也不管正在開會，就迫不及待地閱讀作者e給我的其中數篇文章。

看著，看著，視界逐漸模糊，眼角些許的潤濕；這不僅是對九二一過往苦難的感傷，更是對作者浴火重生後生命蛻變的感動。靈魂，頓時陷入了作者所建構的世界——九二一的逝與回——一場生命惡浪的搏鬥。

心中盤旋不去的困惑：生命中，有些事情永遠不能遺忘，因為那是豐富生命之所繫；有些事情卻不能不遺忘，因為那是活出生命的羈絆。但是，如果「不能遺忘」與「不能不遺忘」的兩件事情之間，緊緊地綁著一條解不開的死結，卻要如何自處？

對作者來說，永遠不能遺忘的是親情，不能不遺忘的是失去親情的至痛。

就如在〈一本未拆封的漫畫書〉中這一段所記述的：

九月二十日的那個晚上，母子倆依偎著走向文具店，一路上敘說班上的點點滴滴；……在裝滿書的櫃子上，翻找著他想要的漫畫書，他說「同學有這一集，我不要買重複的，這樣我們可以互相借看」，終於找到了他喜愛的皮卡丘第三集。在回家路上，他掩不住心中的雀躍說「媽，謝謝你，回到家可不可以讓我先拆開看一下？一下下就好！」我回說「已經很晚了，該睡了，明天再看。」

然而，才幾個小時，天搖地動，「牆壁一片片倒塌擠壓，灰塵石塊直掉落，淹沒了軟弱的身軀，以致他們無法呼吸，壓得他們血跡斑斑、血肉模糊」；大地震，「震倒了美滿的家園，震走了親愛的家人，震碎了心靈，震醒了美夢」。作者的一句「明天再看」，使得一本未拆封的漫畫書，就這般隨著房子倒塌燜燒，成了灰燼。想不到最後找到先生與小孩的，竟是靠DNA鑑定的一團血肉。

那是何等的人間悲劇！是何等的椎心之痛！作者心已碎，淚已乾，很長一段時間，剩下的彷彿只是一個無神無魂的軀殼。但是在這一本書中，我們看到了悲傷心靈的昇華；這也就是許多真心陪伴苦難人走過生命低潮的朋友們，最期待、最欣慰的轉折！

第一次看到蔡女士，是在一九九九年十月十二日的新莊市公所大禮堂。當天下午臺北縣政府結合消基會與臺北律師公會，為「博士的家」及「龍閣」社區受災戶舉辦「團體訴訟」說明會；由縣府法制室動員全部人力，詳細指導並協助受災戶填具團體訴訟委託書。

從一點半持續到下午五點多，全部數百份委託書均簽署完竣，說明會已結束，同仁開始收拾善後，五百多個受災家屬男女老幼陸陸續續離開會場。一位身著深黑素衣裹著乾瘦軀殼、眼睛佈滿血絲的女士，匆匆趕到會場，情緒非常激動、精神幾近崩潰地嘶喊著——她就是剛從新店調查局進行親子DNA比對後趕回來的蔡麗香。

在那種情境下，經驗告訴我，她亟需心靈撫慰；但我是個行政官員、是個大男人，舉止上仍不能不有所顧忌；所幸楊律師適時出現了，楊律師不停地安慰麗香，輕摸著她的臉頰，細細地說：「我願意把我的福份分一些給妳。」然後不發一語，僅僅將麗香擁在懷裡，任憑她放聲大哭。

一般人對遇到類似這種慘況的人，嘴巴上常常「關懷」、「節哀」的大道理不離口，其實骨子裡是避之唯恐不及，或虛應一下故事。楊律師竟然能如此真摯地擁抱著身心嚴重受創的苦命人；在這裡，我深刻感受到佛家所謂的「無緣同慈」、「同體大悲」；也看到了上帝的恩慈與愛。

大家在談論「博士的家」法律扶助的成果時，經常會提到臺北縣政府法制室當時的努力；二〇〇〇年十月十六日奉調接任內政部民政司司長，在離職交接典禮上，「博士的家」重建委員會主任委員陳國民，代表「博士的家」全體受災戶，送我一隻歷經震災、斷了一隻腳的紅木大螃「蟹」，國民兄說那是取其諧音：大大的「謝」。我誠然不敢當[1]，因為，我始終認為真正對促成建商與受災戶達成和解的關鍵性人物，其實是這兩個女人——楊正華律師和蔡麗香。

回顧地震當日，電力系統癱瘓、通訊中斷、交通受阻，天方初白，趕緊到附近電器行買了一個最陽春、只有五百元的「拉吉歐」[2]。透過報導，確定震央在中部，卻全國停班停課；又聽到臺北縣也發生新莊地區「博士的家」房屋倒塌、「龍閣」社區等多棟大樓嚴重傾斜，人命重大傷亡。心知不妙，正準備步行前往同樣住在基隆的公務車司機池正智家，想不到池先生已經非常有責任感地、一如往常來到「新桃花源」社區接我。匆匆著裝完畢，立刻馳往位於板橋的縣府。

途中，腦中浮現的疑惑是，這一次，震央在南投，北部分明只有三、四

1 這隻螃蟹，腳已經請專家修復，從臺北縣政府、內政部到行政院，一直放在我辦公室。

2 我至今還收藏著這部收音機。

級地震，為何別的地方不倒，就新莊「博士的家」倒了三棟二百多戶房屋？是單純天災？或有工程疏失？如有人為疏失，就有賠償問題[3]。而鑑於過去在我商調縣政府前所發生的林肯大郡案慘劇，當時縣府也曾介入協助，但折騰數年，卻因建商早已脫產殆盡，最後只能拿到債權憑證一張廢紙。當下認為，要如何在第一時間凍結建商資產，可以說就是保障受災戶權益的第一要務，也是從事法律扶助經驗中重中之重的任務。

一到辦公室，縣長室果然通知九時召開臨時主管會報。會上我提出防止建商脫產的重要性，縣長當即指示：「若民眾權益受損需申請索賠者，請稅捐稽徵處協助提供稅籍資料、地政局負責行政作業避免建商瞬間脫產，並由法制室統籌辦理。」

即便如此，我深知防止脫產只是手段，求償興訟也是最後的選擇，更須有長期作戰的準備，終極目標還是要如何讓受災戶，以最快的方式拿到實質賠償。化解雙方歧見，進行協調，獲致和解，才是最好的方法。

但畢竟一方是喪失親人的至痛，一方是又要接受牢獄制裁又要面對龐大的賠償，如何讓雙方願意面對面坐下來談，就已經是不可能的任務，更不用說要達成和解。就這樣，持續一年間，除了親自拜訪檢察長，尋求凍結建商

3 在縣府提供法律扶助的這一年中，要特別感謝所有受災戶的信賴，能夠接受我的意見，始終沒有將矛頭指向縣府，沒有任何一位提國家賠償。

財產的可行作法，造訪司法院院長翁岳生，請求給予訴訟扶助，赴看守所對建商等道德勸說……，此外，更進行了數十場大大小小、全體或個別的協調會。

記得二〇〇〇年九月十八日的那一場漫長的「周年前夕最後一次」協商，會議一開始，我建議大家起立默哀三分鐘，以表達對受難者的追思。默哀中，我盡可能用最感性的語氣，祈求大家能從苦難中學習寬恕，得到真正的心靈成長；體認上天讓大家堅強地活下來的真諦，放棄怨恨，惜福感恩；感謝楊正華律師，讓苦難者在最黑暗的深淵看到陽光；也感謝消基會，讓絕望者的未來出現希望。同時，也應該感謝建商的委任律師吳宏山、陳國雄，其實他們兩人在另一面大家所看不到的黑暗處，也努力幫社會擦亮燭光。

會議就在這樣的氣氛中展開，只是，這畢竟涉及數十家庭、幾百人的利害衝突，雙方的需求，不是受災戶任何一個人說了算，建商彼此也有一些責任輕重的爭執。

協談到近午夜十二點，災建雙方的需求仍有一段小差距，受災戶基於人命無價的感情，認為對建商已無讓步空間；建商則表示確實已經山窮水盡，無力加碼。消基會董事長謝天仁認建商毫無誠意，憤而率該會律師退席抗議。我與楊正華律師則認還有空間，苦勸受災戶留下，希望不要放棄最後可能。為避免破局，我將雙方隔離，讓建商在隔壁另闢室商談。

協商已陷入膠著的情況，一方面兩邊穿梭勸說，一方面就利用建商自行討論的空檔，與幾位受災戶閒聊近況、未來，也聊到小孩；也許是同理心，麗香突然站起來，請大家安靜，語重心長地說了一席話：「各位好鄰居，論悲慘，我比誰都悲慘；論怨恨，我也應該最有資格怨恨。但是劉主任只是個公務員，他對我們沒有任何責任，可是他卻無怨無悔地陪我們度過了這一年；他也有小孩，這麼晚了，小孩還在等著爸爸回家。我們沒有理由為了三、四十萬，讓劉主任及所有幫助我們的人繼續跟著我們受苦受難。如果可以，我願意再讓步……。」

這一席話發酵了，立刻感染了在場的同命人，事情有了新的轉機，大家紛紛表示相同的態度；在確認大家的真意後，我立刻把受災戶的善意，傳達給在另一邊會議室的建商，也獲得建商的正面回應，願意再想辦法籌錢，斟酌提高賠償額。

再經兩邊往復折衝，終於有了雖不滿意但雙方都願簽字的和解結論，建商隨即將預先準備好、面額一億八千萬的幾張台銀本票，當場交給我暫時保管，為一場長達九小時的協商劃下句點，時間是凌晨二點四十七分。

畢竟近二億的天價，台支等同現金，感謝建商與受災戶都能信任我，不怕我心生歹念，捲款出境。但半夜三更、人群複雜，為安全計，特地電請海山分局派兩位武裝警察，前來護送我回家。派出所詢問何故？我也不敢明講，只表明自己的身分。

兩個全副武裝的警察，一前一後護送公務車回到內人位於民生路的職務宿舍，一直等我安全上樓了才離開。內人、小孩都已熟睡，沒驚擾他們，就把支票放在最安全的地方。保管支票那兩天，心理壓力蠻大的。

如果沒有麗香的那一番話，沒有她體諒人的大悲大愛，實在無法想像雙方還要繼續承受多少煎熬、多少磨難，最後的結果會是如何。或許正是這樣的寬恕胸懷，在經過楊律師的經年導引下，才有浩劫重生的蔡麗香。

談到楊律師，不僅如麗香所稱的，是她自己「生命中的貴人」，其實也是上帝拯救「博士的家」的化身。在漫長的談判過程中，當心志動搖時，楊律師更是我最大的精神力源；每次看到她如此堅毅不拔的神情，我都會激勵自己：「楊律師不過是民間義務律師，她都不放棄；做為一個政府人員，我更沒有權利退卻！」

在「博士的家」這一方，其實並不是每一個人、每一個家庭都有相同的訴求，甚至還彼此有相互衝突的利害關係；譬如是否參加重建？C棟的原住戶較傾向接受，就如麗香說的，因為這個「家」是一起打拼共同創造的，不能就此失去；有些人則認為不能拋下往生的親人不顧。但非現住戶或亡故受災戶的遠地繼承人（約十七戶），則大多不願參加重建；因為這一塊土地本來就跟他們沒有任何感情上的牽繫，這些人的訴求，除了金錢賠償，其餘免談。

我們曾考慮，是否可能將不參與重建的十七戶切割處理，但建商擔心只要有人不願參加和解，就可能增加民事或刑事訴訟上的困擾，堅持不同意。為了這十七戶，我和楊律師可謂飽受困擾，分別幾次單獨與其協談，都沒有結果。但也因這樣的歷練，能更深刻體會到楊律師永不妥協的毅力。

二〇〇〇年六月二日下班後，我們特別把這十幾戶代表約到社區附近的民安國小協議。楊律師苦口婆心地說明大家共同的利益及適合採行的步調；但並未能讓他們接受，他們仍不停地提出很多毫無實現可能的、具破壞性的訴求。我們深知，這個問題不解決，必然影響消基會團體訴訟的進行與建商和解的意願。

楊律師費盡唇舌仍不能獲得善意回應，時間一分一秒過去，到了凌晨一時許，楊律師站了起來，隱含悲憤卻又帶幾分祈求地說：「我今天為什麼在這裡？我在做什麼？我跟大家有什麼關係？我可以放下不管啊！我難道沒有家人，這麼晚了，我難道不想舒舒服服躺在床上睡個好覺，我何必淌這個渾水？我媽媽看到自己的女兒每天為了這件事不眠不休，身體一天比一天消瘦，她難道不心疼？她罵我傻，罵我多管閒事；是的，我傻，這一切都是我自找的。我為什麼要這麼辛苦？我圖個什麼？還不是為了希望大家能早日脫離苦難，早日從新生活。……」

說著說著，她激動得落淚了：「我願意向大家下跪，求大家放下心中的堅持，為了整體的利益，為了絕大多數真正受苦的人，我請大家不要太堅持個別的需求。」

熱淚終於貫穿了部分的鐵石心腸，楊律師的誠懇也確實動搖了一些人的堅持。十多年了，那一幕幕情景、楊律師講話的神態，依然在記憶中迴盪。

是的！楊律師什麼也不圖，她沒有從「博士的家」取走一分一毫，甚至縣政府要給她的法定出席費，她也拒不接受；開庭、撰狀、舟車往返……都是自己掏腰包。如果說她有得到什麼好處？那就是「博士的家」對她永遠的感謝與友誼，是我對這一位默默付出的人道律師最崇高的敬意。

※

蔡女士身上擔負的是人間最痛的苦，但從《重生》這本書裡，我們看到她的步伐，從回想〈地震〉的危疑震撼、〈一本未拆封的漫畫書〉對親情的思念，經過參加〈社區大學〉的矛盾，接著如何學習〈成長〉，用〈挑戰高度〉來克服恐懼，用〈參加重建〉來考驗自己是否能將哀痛的記憶化成堅強的面對，最後藉著〈不一樣的母親節〉來調適心理，懷著感恩的心、做該做的事來回報她〈生命中的貴人〉。

就如聖經〈腓立比書〉第四章說的：「我只有一件事，就是忘記背後，努力面前的，向著標竿直跑。」

這是有關九二一大浩劫的一個苦命女，如何走出陰霾的心路歷程的寫照；也反映許多同命人如何面對未來、相互砥礪的真摯告白。感動之餘，幾經思索，特別借用〈地方治理〉這一篇，把當時對麗香的片段記憶，以及對楊律師的感佩，交織成章。

雖然，蔡女士或許會認為自己只是在走應走的路，楊律師也會謙虛的認為只是在做應做的事；但是，在我的觀念裡，她們其中一個走的是不平凡的路，另一個做的是不平凡的事。

法制小辭典 地方治理

地方治理非關法律的規定，地方制度法也沒有隻字片語提到相對應的概念，它只是一種地方政府處理事務的態度、方法，一種多元複雜的網絡互動關係。

在分權化、都市化與全球化的趨動下，當前地方政府的角色、職能，已出現很大的轉變。地方政府不再如往昔可以主導與控制一切地方事務，更無法憑藉一己力量回應日益增加的公共需求，而須尋求各級政府的協力、結合民間資源的合作，提供公共服務，及時而有效的解決基層問題。

在地方治理的概念下，關切的重點不在於這件事究竟是自治事項或委辦事項，也不關注是誰的責任；而是從功能性考量，怎麼做、誰來做才能完成完善的治理？

因此，評價地方政府能力的好壞，或所謂的滿意度調查，不在於地方政府發布了多少法規？運用多少權威？下達幾道指令？也不在於地方在面對中央的控制、監督、侍從或對抗的垂直關係，展現出什麼樣的態度？而在於政府與政府之間、政府與公民社會之間廣泛的社會聯繫，在最貼近民眾的地理空間內，與社會多元相關參與者，建立與利用溝通、協調的互動機制，從公民參與與有效回應需求的角度出發，透過一個協力夥伴關係、資源整合和布置共贏賽局，使人民、企業、公民社會組織和政府，一起創造可能，共同處理地方公共事務。

人民服務需求無限，而公共資源普遍貧之，是現代政府施政的共同問題。尤其，根據世界銀行刊行的《自然災害頻傳地區——全球風險分析》（*Natural Disaster Hotsports — A Global Risk Analysis*）指出，臺灣同時暴露於三項以上天然災害的土地面積達七三%，面臨災害威脅的人口亦為七三%，均高居世界第一。當面對大自然反撲所形成的大規模災難，政府更經常面臨地方能力短絀、中央也捉襟見肘的窘境，如何充分發揮地方治理的功能運作、自力救濟，而非一味依恃上級垂憐，應是所有地方政府必修的重要課題。

一首兒歌的代價——準直轄市

縣（市）本來是憲法明定最基本的自治單位，
但大家都視如敝屣，一味爭取改制為直轄市。
以致三．六萬平方公里的臺灣，竟硬塞了六個直轄市。
而所謂六「都」，大部分地區，完全看不出都會景象。
其實，為衡平政策上資源分配的不公，並關照基層自治的需要，
二〇〇七年修正地制法第四條所創設的「準直轄市」，
才是較優的選擇。到底什麼是準直轄市？概念從何而來？
一首兒歌又為什麼會推遲制度的建立？

我自一九八七年從宜蘭縣政府商調立法院議事組，不出四年，即以薦任第七職等權理第九職等科長。其間，一直以專業形象受知於朝野立委，也甚

蒙各級長官器重與照顧，前法制委員會主任祕書張瑞濱[1]更主動推薦獲選為全國模範公務人員。

如此恩寵，本應戮力竭智，善盡立法幕僚，銜環以報。詎料，一九九七年十二月地方選舉後，蘇貞昌當選臺北縣縣長，為履踐與盧修一委員的約定，我竟無預警地簽陳前院長劉松藩，請准調職臺北縣政府。

蘇貞昌當選，怎會扯到盧修一？這就要話說從頭，先談與盧修一的命運機緣。一九八三年間盧修一因「前田光枝台獨案」，遭裁定感化教育三年，我也因對國民黨介入大學校務多所「建言」，竟被政治大學校園黨部組織提報為異議分子，兩人於十一月間被國民黨「同榜」開除黨籍*。嗣盧修一於一九八九年當選第一屆增額立法委員，任法制委員會召集委員，我則於一九九一年任法制委員會科長，得運用幕僚專業，協助盧委員通過多項重要法案。

尤其，一九九二年十二月盧委員連任第二屆立委，即積極主導其最引以為傲的「陽光法案」——《公職人員財產申報法》，本來除政府提案外，尚有林正杰、尤宏、趙少康與張俊雄委員等所提五種不同版本，不僅精神、意旨各有重心，條文也參差不一，如何對照比對都是問題，更遑論進行審查。

1 現任國立戲曲學院校長。

但在盧委員「去小異，求大同」的堅持下，說服提案委員擱下歧異，先協調大原則，再囑我另擬一版本提供審查；「不顧兩岸猿聲啼，萬重山中輕舟出」，經四次聯席會議，出乎各界意料地，本法草案竟於一九九三年三月三十一日順利完成審查[2]。當下盧委員還開心地小聲對我說：「通過這部法律，躺著幹也可以吃三年。」

本來，盧修一被視為是代表民進黨參選臺北縣長的不二人選，並曾與我相約，如果當選，希望我能到臺北縣「幫忙」。不料，天不從人願，盧委員因罹患肺腺癌，考量身心無法負荷選戰，民進黨改提名蘇貞昌，在選舉最後一夜（一九九七年十一月二十八日），身體虛弱的盧修一特向醫院請假為蘇站台，當著萬餘人面前擎天一跪，蘇選情告急的情勢大逆轉，最終以近三萬票差距，擊敗國民黨籍候選人謝深山。

十二月間我去探望盧委員，盧委員握著我的手說：「我們約定過，可是我已經沒機會了，你可不可以把蘇貞昌當作是我，去幫他忙。」我何德何能受此託付，眼眶應已泛淚，在那情境下能拒絕嗎？但仍托詞說：「我與蘇縣長毫無淵源，他也不認識我，總不好意思自己開口求官？」「這不用操心，我知道博仔（即任不分區立委的民進黨祕書長黃爾璇博士）也很欣賞你，你

2 而當天會議，不同於議事慣例，並非按五個版本的條文對照表，而是單獨就另行起草的版本進行審查，葛雨琴委員還為此質疑主席。參照《立法院公報》，第82卷，第18期及第20期的委員會紀錄。

＊被開除黨籍卻因禍得福

一九八三年我正服役於金門第二士官學校，二士校是專門培訓總統警衛的幹訓班，要求絕對的忠貞愛國，蔣經國即曾於一九六五年從二士校遴選一百零八位忠誠幹訓班學員，安排到憲兵學校，接受為期四個月的訓練，畢業後編入國防部警衛隊，奉派到士林　蔣公官邸服勤。該校政戰部主任從國民黨刊物《雙十園》週刊上得知我被國民黨中央黨部開除黨籍的訊息，大為震驚、不安，因為學校竟然存在如此的「政治異議」份子，這還了得，更何況是在戒嚴時期，被國民黨開除黨籍，是天大地大的事。主任特別約見我懇談，他説怎麼看我都不像有那樣的「成分」；我也不想多做説明、辯解，只覺得如果能夠讓母校（政大）相關師長高興、有交代，就任他們愛怎麼做就怎麼做吧，反正自己不過是個名不見經傳的小人物。但我還是很鄭重地向主任保證，一定會知所分寸，絕不會給二士校添麻煩。經懇談後，彼此有一些默契，我很多的勤務都被「簡化」、「孤立化」，盡可能不讓我接觸士官班學員，形同被「軟禁」，並加強通訊檢查。因禍得福，我反而有很多的、不受干擾的時間讀書、寫信，一退伍沒多久就順利通過法制高考；同時，在一年八個月的時間，寫了五百封的「情書」，這可真辛苦了保防官，因為我每一封信都須經檢查，聽郵務士透露，保防官都先用熨斗燙過封口，漿糊遇熱乾了就自然脱開，檢查沒問題後再黏回去。後來索性我就不封緘了，直接交給郵務士，等保防官認可了，再由郵務士代黏。

跟他講一下，就說是我拜託的，請他來引薦。」

十九日立法院院會國是論壇時段，特別讓幾位當選縣市長的立委發表離別感言，蘇貞昌與當選基隆市長的李進勇、屏東縣長的蘇嘉全等，聚於議場委員座席後方交換施政抱負與用人，黃爾璇委員即順勢將我推薦給蘇貞昌縣長。

二十日縣市長就職後約莫一星期，蘇縣長當真約見我，還提了幾個單位主管缺，徵詢我的意願。我表示就法制室主任。蘇縣長愣了一下，說：「博仔說你非常有才華，法制室是個冷衙門，會不會太委屈了？」

我自信的說：「事在人為，衙門冷不冷看誰在做，給我三個月，如果縣長仍然認為法制室是冷衙門，二話不說，我就辭職。」

「不要下這麼大的賭注，就照你的意願。好好表現。」

幾天後縣政府發文商調，劉院長對我的決定頗不以為然，壓下簽呈硬是不批，也拒絕我的再三求見。還透過張主祕以其在地方政府的經歷力勸：「地方政治生態非常複雜，你一介書生，又不喝酒，恐怕無法適應。而且地方不比中央，縣市政府資源非常差，職等又低，沒前途。」「立法院有上百個簡任職缺，以你的表現，只要資格到了，要什麼職位會不給你？」

農曆年前，我還是寫了一封文情並茂的信函，請身兼院長辦公室主任的張主祕代呈院長。表明心跡，完全是因盧委員的緣故，不能言而無信。這封信打動了院長，一月二十三日院長終於願意見我，一進院長辦公室，院長嘆口氣說：「看了你的信，萬分感慨。雖然政治立場不同，盧仔也是我非常敬佩的好朋友，既然是為了他的緣故，我也不能不成全你。」

就這樣，一過完農曆年，並舉辦完第一屆立法院國畫班成果展[3]，就帶著同儕濃濃的情誼與多位立委好友的祝福，離開了服務十多年的立法院，開啟在臺北縣政府的一段人生奇航。

一到縣政府報到，當時還是府前路的舊辦公室，正如張瑞濱主祕說的，資源真的奇差無比，法制室也如蘇縣長常說的，「陰陰暗暗地，像蜜蜂窩。」一級主管的職務列等還是經中央「恩准」，才能比其他縣市的薦任第九職等多一級，可列到簡任第十職等，相對於直轄市的比照簡任十三職等，真的差如天壤；立法院連祕書都還列到十二職等，做為管轄三百多萬人口的政府一級主管卻只能十職等。

長久以來，我國公共資源分配的制度設計，就是「重直轄市，輕縣市」，縣市政府一直被矮化，縣市居民也相對被歧視。同樣是國民，住在臺北縣與

3 我是立法院國畫班的創班班長。

住在臺北市，其生活水平就存在重大的差別。雖然憲法第七條有著美麗動人的辭藻：中華民國人民在法律上一律平等。但事實上，從淡水河的東岸望向西岸，臺北縣民心中只有一個疑問：「人生而平等」的真諦是什麼？

當年，在臺北市，三歲以下兒童可以免費醫療，臺北縣苦無經費比照；北市新生兒可以享受營養補助六千元，北縣沒有能力辦理；北市每學期補助幼兒教育券五千元，北縣辛苦籌湊二千五百元都有困難；北市政府平均每年為每位國小學生支出八萬二千元，北縣只有四萬五千元。北市國中每班三十一個學生，北縣四十個。北市的老人與身心障礙者，每月可享受免費搭公車一百二十次，北縣只能六十次。北市有急難救助、殘障津貼、老人營養品代金，北縣經費無著。從搖籃到墳墓，相對於臺北市民，臺北縣民不啻是次等國民。

照理說，人命等價。但如因天災造成的死亡，政府究竟應該如何發放「災害救助金」？社會救助法規定「傷亡救助之給與方式，得由直轄市、縣市主管機關依實際需要訂定規定辦理之。」過去，各地方政府即多依此規定，分別訂定適用於其轄區內的發放標準；然而，由於各地方政府財政狀況，長期以來存在嚴重城鄉差距，臺北市標準定為一百萬，其他縣市因財政困難無法比照，臺北縣也只勉強訂了三十萬的標準。

蘇縣長對於人命等價而不等值、一國多制的現象，深表不滿。為求平等照顧縣民，於一九九九年九月間特比照臺北市，將慰助標準提高為一百萬。孰料才發布施行不到一個月，十月十八日就發生了五股鄉登林路灰渣場崩塌，造成七人活埋慘案，縣府一下子就發放了七百萬元救濟金，財政備感壓力[4]。

有鑑於臺北縣民近三百五十萬人[5]，轄區土地逾二千平方公里，每年預算卻只有八百九十一億元，從中央分配到的統籌分配稅款只有一・四一％；臺北市人口才二百六十四萬，轄區面積不到臺北縣七分之一，預算卻高出臺北縣兩倍，統籌分配稅款超過三〇％。而歸根究底，只因為制度上，臺北市是直轄市，臺北縣不是「直轄」，因此就矮了半截。

其實，為擺脫次等國民的宿命，臺北縣從一九七九年突破直轄市設置人口門檻一百萬[6]開始，爭取升格直轄市就不曾中斷；但均被中央打回票。其最主要的理由，《行政區劃法》尚未完成立法，無從據以辦理行政轄區的重劃；其次，直轄市中又包含著直轄市，制度設計上也缺乏邏輯。

然而，無論如何，爭取升格已經成為各界評量縣長施政績效的一項重大

4 為了解決此一不公平現象，二〇〇〇年七月十九日公布施行的《災害防救法》第四十八條才特別規定：「災害救助種類及標準，由各中央災害防救業務主管機關會商直轄市、縣市政府『統一』訂定之。」內政部乃據此授權，邀集北、高兩市及各縣市代表研商，於翌（二〇〇一）年六月訂頒「風災震災重大火災爆炸災害救助種類及標準」，明定死亡救助每人發放二十萬元。形式上已經統一，但實際上，各縣市仍會編出慰問金等各種不同名目，任意加碼；其結果，非法定的慰問金，往往高於法定的救助金。

5 一九九九年資料。

6 當時施行的《市組織法》規定為一百萬人。

指標，直闖既然無法達陣，能否迂迴轉進？幾經思量後，我先後研擬了兩個對策，其中一個就是「地制法第四條有關準直轄市條款」的建議案[7]，本案提經一九九九年十月二十六日[8]縣務會議通過，蘇縣長當即授權由我全力進行國會遊說。

我也未負使命，半個月內就順利完成立法院跨黨派的聯署。民進黨以黨團名義提案自不在話下，親民黨請臺北縣選區的李慶華委員領銜，國民黨方面說服桃園縣選區的朱鳳芝委員領銜、新黨則商請前法制委員會召集委員之一而與我有私交的謝啟大委員參與，各提案委員還破天荒地召開共同提案記者會。十二月初院會將本案交付內政及民族與法制委員會聯席審查，翌（二〇〇一）年一月四日審查通過。

直接升格直轄市與爭取準直轄市，精神上最重要的不同是，前者是在追求政經地位的同一化，後者則著重於資源分配的合理化。

根據當時統計資料，臺北市人口二百六十三萬，高雄市也不過一百五十萬，反觀桃園縣有一百七十七萬人，臺中縣一百五十萬，較諸高雄市，實不遑多讓；臺北縣人口更逾三百六十二萬人，遠甚於臺北市。上開縣管轄土地總面積，都在北高二市的數倍之上，其政經條件、文化及都會區域發展上，

7 另一個是「地制法第七條有關就地升格條款」的建議案，如後述。

8 各大報一九九九年十月二十七日北縣報導。

也有相當重要的地位。但在財政資源分配、政府服務指標、社會福利條件及行政配備規模各方面，顯然都受到極不合理的待遇。

參諸大法官會議釋字第二五八號解釋理由所稱：「直轄市人口密集，在政治、經濟、文化上情形特殊；其環境、衛生、公安及交通等建設，所需經費恆較縣與省轄市龐大，須將其財源妥為分配，以免影響市政建設之均衡發展。」似缺乏憲法解釋上的一貫性。因此，應使縣人口聚居達一定數額以上，未改制為直轄市前，亦得準用關於直轄市的部分規定。

由此可鑒，「準直轄市」的創制，其實就是「縣市與直轄市同級化」的具體落實，也是均衡區域發展的另類思維，更是維護大法官上開解釋精神的作為。這也是該建議案經臺北縣登高一呼，即立刻獲得朝野各黨派共同支持、連署提案的主因。

本案經於二〇〇一年一月審查通過，理論上本來應乘勝追擊，惟三月十八日因逢第十任總統大選，由民進黨的陳水扁獲勝，五月二十日我國將首次政黨民主輪替。有鑒於準直轄市終究是過渡性的安排，只是經濟性質的升格，在中央將同為由民進黨主政的前提下，正如蘇縣長所說：「臺北縣既要裡子也要面子」，因此決定暫時停止準直轄市的推動，直接要求完整升格直轄市。為了不讓中央又以《行政區劃法》尚未完成立法的藉口，我又研擬另一個「地制法第七條有關就地升格條款」的建議案，提經二〇〇〇年四月二十五日縣務會議通過[9]。

然而，以當時中央的思維，增加一個三百五十萬人口的「大」直轄市，對政經格局的衝擊不可謂不重大，固然陳水扁在選舉期間曾允諾讓臺北縣升格，行政院的施政議程上始終停滯在研究階段，一直企圖冷處理，並未真的要付諸實踐。十月間我商調內政部民政司司長，離開臺北縣政府，準直轄市案就告中輟，沒有其他人繼續接手推動。

詎知，二〇〇二年一月十八日（第四屆立委任期屆滿最後一天）凌晨零時三十分左右，民進黨立院黨團總召林豐喜委員突然來電：「老兄，你卡早在臺北縣政府推動的準直轄市的案子，有拿出來朝野協商，其他黨都簽字了，咱們[10]要不要簽。」

我遲疑半晌：「這很不好講，這樣吧，我用唱的好了！」

「半暝啊唱歌，是要嚇死人喔！」

「不方便唱，那用唸的好了，才幾秒，您就聽聽吧。」我當真就唸了：

「當我還是娃娃，我的心裡只有媽媽；當我漸漸長大，我的心裡除了媽媽，

9 此即二〇〇七年六月因第四條配套通過的第七條第二項：「縣（市）改制為直轄市，如不涉及行政區域之劃分、調整者，經縣（市）政府提請縣（市）議會通過後，由內政部轉報行政院核定之，不適用前項規定。」各大報二〇〇〇年四月二十六日北縣報導。

10 林豐喜委員是我在立法院中交情最好的立委之一，人非常阿莎力，其實我一直保持無黨籍身分，但他總是把我當「自己人」。

還有星星、月亮和花。」

「啊這啥意思？」

我這才正經八百地說：「當時我是臺北縣政府的主管，想方設法都在幫縣長，如何照顧縣民的福利；如果我還是臺北縣法制室主任，叫我跪著拜託您，我都願意。可是我現在的身分是內政部民政司長，必須站在全國的思維。位置不同，視野也要有所調整。畢竟這是非常重大的政經變革，茲事體大。沒有部長的授權，我實在不方便說 yes 或 no*。」

「好吧！既然這樣，那我們就不簽了。」

就這樣，準直轄市案因屆期不連續而遭廢棄。

二〇〇二年二月間第五屆立法院開議，某日親民黨立委李慶華找我，詢及為何否定自己的提案，「不同意」民進黨總召簽字。我回以何德何能敢說同意或不同意，只因角色不同，實在有職務上的難處。獲其諒解，並表示想重起爐灶。我說：「在職務上我多所不便，但私下如果有需要，隨時召喚，我一定盡全力協助。」後來李慶華雖再次提案，但迄至二〇〇五年一月第五屆結束，立法院均未處理，再次胎死腹中。

二月第六屆開始，重回國民黨籍的李慶華委員[11]又與同為臺北縣的蔡家

11 李慶華原為國民黨員，後與趙少康等創新黨，二〇〇〇年又加入親民黨，二〇〇五年以親民黨籍連任不久後，因不滿主席宋楚瑜與時任總統陳水扁會面，而退出親民黨，重返國民黨。

✻換了位置，就換腦袋？

經常有人批評：「某某人換了屁股，就換了腦袋。」這樣的批評其實很值得討論，換了位置，難道不應該改變思維嗎？就如在野黨取得執政以後，當然就必須收斂草莽性格與破大於立的主張。朱慧珍的這首兒歌〈當我還是娃娃〉，可以說提供了很好的註腳，我一直很喜歡，也經常在正式場合加以運用。

例如二〇一一年六月十六日大法官有關「社維法狗仔跟拍條款是否違憲」的憲法法庭大辯論。聲請方（蘋果日報）代表尤伯祥律師，一開場主辯就向大法官提示我在一九九一年發表於《立法院院聞月刊》的一篇文章〈社會秩序維護法草案評議〉。該文寫道狗仔跟拍條文違反明確性原則，應屬無效。尤律師並直陳我身為內政部代表，自己都認為違憲，這問題已無庸置疑。

真的沒料到《蘋果日報》人肉搜索的能力這麼強，連我在二十幾年前發表的論證都被挖出來。要如何迎戰這「致命一擊」、繼續辯下去？利用提問的機會，我回應如下：

首先要聲明，個人站在這裡，是代表內政部，不是代表個人學術研究；其次，有一首兒歌個人很喜歡，也很適合回答聲請人的問題，歌詞是這樣的：「當我還是娃娃，我的心裡只有媽媽；當我漸漸長大，我的心裡除了媽媽，還有星星、月亮和花。」這篇論文是個人在二十幾年前發表的，個人剛離開校園不久，滿腦子都是教科書上寫的「性觀念」，什麼明確性、比例性、必要性、執行可能性……。當時社維法草案剛出爐，就依樣畫葫蘆寫了這篇論文，當時跟對造代理人的說詞一樣，只要出現類似「正當理由」、「無故」、「重大」、「顯然」等這樣的字眼，都認為不夠明確，應歸於無效。這樣的條文根據個人統計，至少有三十八條。如果說這樣通通應認為無效，那麼這部法律就可直接丟到垃圾桶了。

可是，經過多年來的知識累積與法制實務經驗，個人慢慢體會到，法律文字的使用，畢竟有其侷限性。規範的明確性，是所有法制工作者念茲在茲的信念。但事實上，只要實際接觸立法工作，立刻就會發現，理想與實務有很大的差距，法律所要規範的是氣象萬千的社會生活，是千姿百態的人類行為，就如臺北高等行政法院九十九年度訴字第一二二二號判決所提示：「法律……原無從巨細靡遺悉予列舉，因此以不確定法律概念為規範，乃無從避免的情形」。

法律的明確性在立法技術上，必然帶來與生俱來的侷限性，而無法滿足個別正義，因此就有賴於個案累積，透過有權機關的調整，實現一般正義。就這一點，明智的大法官，在八十六年作出釋字四三二號解釋，無疑提供一盞明燈，在法律辯論的茫茫大海中指引了正確的方向。

那篇論文就當作是個人年少輕狂的成長歷程。像孫悟空剛迸出石頭縫，還沒有沾染人間血食，翻天覆地之作。

（以上發言轉載於司法院官方網站「釋憲影音」釋字第六八九號解釋言詞辯論 http://www.judicial.gov.tw/video/BroadcastDL.asp）

福委員合作，並由蔡委員領銜，於二〇〇六年十一月共同提案。雖然內政部再以配套不足為由持保留態度，但在第七屆立委選舉將至、選票考量的特殊政治環境下，臺北縣與桃園縣立委聯手積極運作，內政及民族、法制兩委員會仍於十二月十八日完成審查，並於翌（二〇〇七）年五月四日完成三讀，總統於二十三日公布施行。行政院旋命令臺北縣自同年十月一日起適用。

因一首朱慧珍的兒歌〈當我還是娃娃〉，讓「準直轄市」條款從二〇〇二年一月十八日往後推遲五年多。代價為何？最大的代價是，在政治效應上，最早提出發想、戮力推動的蘇貞昌縣府團隊無法分霑榮耀；但相對地，卻也為暴衝的政治決定，節省了至少八百八十五億人事經費的浪費[12]。

這樣的論述，相當反諷。只能無奈的說，一方面因人事更迭，主事者不能確切掌握制度的精義，權責機關也未「誠摯」回應制度的興革；一方面因選舉效應導致的急功近利，於立法院通過準直轄市條款後，對於必要的配套規劃，包括財政的重分配、業務的調整、人事甄補的漸進設計……，均未先籌妥，即搶著在立委改選前適用，導致準直轄市的制度功能，非但無法彰顯，臺北縣長周錫瑋甚至認為未蒙其利，先受其害[13]。因此，各界批評之聲不斷，各縣市還是以爭取「升格」直轄市為終極目標，準直轄市就被視為只

12 有學者估算準直轄市可擴編人數逾萬人，如足額進用，人事費每年至少將增加一百七十七億元，以五年計。

13 雖然在統籌分配稅款方面，從準用前的每年九八．二五億，準用後增加為三〇五．〇三億，人事費就吃掉了大半，其實應檢討的是，無適度節制與缺乏計畫的人事膨脹，而非制度調整。

是改制直轄市前的暫時性、特殊性的地方政府型態。

其實，各界對於準直轄市建制的批評，也都同樣適用在既存北高二市以外直轄市的增制。質言之，只要政府不敢或不願正視行政區劃不當、資源分配不公、自治體質不良的問題，任何地方體制的調動，必然都會出現同樣的困境。單一縣市的改制如此，類如二〇〇九年以後形成六都的地殼大變動，其混亂、謬誤，更是如此。

無論如何，從地方自治的制度性保障觀點，就單一大縣或合併的大縣市而言，準直轄市相較於直轄市，究竟何者較具優越性？以改制前的臺北縣為例，固包含板橋、新莊、三重、新店、中和、永和等都市型態的都會，也包括雙溪、平溪、雙溪、貢寮、瑞芳等極其農鄉屬性的鄉鎮，甚至如烏來的原住民山地聚落，從直轄「市」的概念及地制法第四條人口「聚」居的要件，臺北縣改制為直轄市概念邏輯上確實有扞格之處。另外，還有一個難題，即大直轄市中間有同層級的小直轄市的問題，名稱易解，但「直轄市」內有「直轄市」終究是個問題。

尤其，最實質的問題是，改制為直轄市，原有的鄉（鎮、市）基層草根民主即無法確保，而包括新北、臺中、臺南、高雄，其轄區大於臺北市數倍之上，轄區內從都會、農村、海隅到山野，各有不同發展特色與治理需求，統一由直轄市政府齊一治理條件與模式，與地方自治理念似有未洽。準直轄市既可保有基層草根自治，確保因地制宜的需求，又能擁有與直轄市相同的實質利益，制度的建置不失其優越性。

遺憾的是，六都形成後的地方諸侯格局，臺灣自治發展已走上強枝弱幹的不歸路，準直轄市條款再無可能被適用，可預期的未來，有可能遭到刪除廢棄的命運，本書特別詳述這一段過程，留予歷史評價。

法制小辭典

準直轄市

自治層級的縱向設計與行政區域的橫向劃分，兩者間係相互作用又相互影響。面對全球化的挑戰，各層級地方政府各自扮演不同的角色、功能，第一級著重於經濟能力的整合，以提升對外競爭力，促進區域的均衡發展；基層自治體則更大的成分在追求蘊涵於「輔助原則」中所代表的民主價值。因為最接近民眾的地方政府單位最能有效代表民意。經由此管道所制定的法律與政策最能反映民眾的利益，對政策制定與執行的不滿，民眾也較能有效表達。讓民眾有參與機會，可增強個人在社會中自主與受尊重的感覺，也因而維護了個人與地方的尊嚴與特性，並提高地方政府的政治責任。

我國憲法第十一章「地方制度」規定，地方自治層級原僅「省－縣」二級，國家整體政府架構為「中央－省－縣」三級體制；「市」與縣同列，明定準用縣之規定（第一百二十八條）。「直轄市」則與省同列，並規定其自治另以法律定之（第一百十八條）；政策上，要不要給予直轄市自治的地位，賦予如何的自治，授權中央政府以法律妥為規劃。

在憲法上，最基本的自治單位是縣（市），縣以下並無鄉鎮市自治的規定；至一九五〇年臺灣省政府訂頒《臺灣省各縣市實施地方自治綱要》，明定鄉、鎮、縣轄市為法人，「中央－省（市）－縣（市）－鄉（鎮、市）」四級政府體制始告確定，《省縣自治法》更進一步以法律確保鄉鎮市的自治地位，而《直轄市自治法》的施行，直轄市自治也得到法律的正式承認。

惟一九九七年憲法增修、一九九八年的精省條例及一九九九年配合制定的地方制度法，省虛級化，省的自治地位廢止。基本上，仍維持「中央—縣—鄉（鎮、市）」三級體制，至於直轄市與市，並未另賦予其轄區內的「行政區」自治的地位，而僅是基於行政管轄需要，所作的區域劃分。

過去的直轄市與市，都屬都市化程度較高、人口集中、區域內發展差異性較低的都會，且轄區規模一般較小，為強化治理效率，實行單級自治體制，將區公所作為指臂，貫徹市政決策，或無不可。但二〇〇九年僅因滿足諸侯政治與選票的要求，在缺乏對全球地方治理發展趨勢的理解下，暴衝式地進行地方空間改造，合併改制或單獨由縣改制的幾個新興直轄市，不僅轄區規模相較於原有直轄市，都在數倍、甚至十倍之上，且其轄區內從都會、農村、海隅到山野，各有不同發展特色與治理需求，統一由直轄市政府齊一治理條件與模式，誠然難符因地制宜的需求。

二〇一四年雖修法賦予直轄市的「區」擁有自治地位以為補救，但也僅限於原屬縣的山地原住民鄉，如臺北縣烏來鄉、臺中縣和平鄉、高雄縣茂林鄉、桃源鄉與那瑪夏鄉及桃園縣復興鄉等，其他原有鄉（鎮、市）仍歸單一層級的直轄市政府直接治理，此實不符輔助原則的要求。

依現行地制法規定，地方自治團體包括直轄市與其轄區內的山地原住民區、縣與其轄區內的鄉（鎮、市）以及與縣同級的「市」。

各地縣市之所以積極爭取改制為直轄市，都是源於過去中央「重直轄市、輕縣市」，讓縣市感受到嚴重的相對剝奪感。其實，為衡平政策上資源分配的不公，二〇〇七年修正地制法第四條，創設「準用直轄市規定的縣」，即所謂的「準直轄市」，應該是較優的選擇，而非改制為直轄市。

禁忌——村里民大會

過去農村社會資訊不發達，
村里制度對於里鄰共同生活價值的促進，具有相當正面的意義；
村里長所召集的村里民大會，更是村里民聚集議事，
凝聚基層共同生活意識的年度盛會。
但隨著資訊傳遞的發達，停滯在舊農村社會網絡的村里民大會，
其功能已因時代演進而逐漸式微，漸受忽視。

村里的建置是沿襲自清代以來就有的保甲制度，更貼切的說法，保甲制度原是我國封建王朝時代長期延續的一種社會統制手段，其最本質特徵是以「戶」（家庭）為社會組織的基本單位。儒家的政治學說是把國家關係和宗法關係融合為一，家族觀念被納入君主統治觀念之中。因此，便有了漢代的五

家為「伍」，十家為「什」，百家為「里」；唐代的四家為「鄰」，五鄰為「保」，百戶為「里」；北宋王安石變法時提出了十戶為一保，五保為一大保，十大保為一都保；元朝又出現了「甲」，以二十戶為一甲，設甲生。到了清代，終於形成了十進位的、與保甲制極為相似的「牌甲制」，以十戶為「牌」，十牌為「甲」，十甲為「保」。

民國初期沿襲清代制度，保甲的基本編組是以戶為單位，設戶長；十戶為甲，設甲長；十甲為保，設保長。戶長原則上由家長充任，保、甲長名義上由保甲內各戶長或甲長公推，但如經縣長查明，有不能勝任職務，或認為有更換必要時，得令原公推人另行改推。保長通常由當地地主、仕紳擔任，政府對保、甲長人選極為重視，以落實「管、教、養、衛」並重原則。

臺灣在日本統治時期因循其制，作為日本治理臺灣的兩大基層力量之一。不過，因當時是審慎遴選德高望重的地方仕紳膺任，協助殖民政府宣導政令、推銷公債、倡導環境衛生、協調民意、息爭止紛，頗受歡迎。政府遷臺後，就延續這一政策，依《臺灣省各縣鄉鎮組織暫行條例》，按自然形勢將保甲改設村里。其後，臺灣省各縣市實施地方自治綱要、省縣自治法、直轄市自治法、以至地方制度法，均繼續保留村里建置。

在過去相當長時間，由於農村社會資訊不發達，村里制度對於里鄰共同生活價值的促進，具有相當正面的意義；在穩定基層、鞏固國權、反映民意、宣導政令、發揚倫理道德及促進地方自治建設等職能，也確實需要仰賴村里長與村里民大會扮演承上啟下的重要角色。

村里長所召集的村里民大會，更是村里民聚集議事，凝聚基層共同生活意識的年度盛會。為了配合農忙與農民作息，通常在秋收之後的晚上，利用大廟埕或借用大一點的曬穀場舉行。會前，不但村里幹事、鄰長挨家挨戶通知，傍晚時分村里辦公處還會不停放送（廣播）。晚飯後，女人還忙著收拾整理，男人就陸陸續續趕到會場，小孩子也都歡天喜地像趕廟會地來湊熱鬧。村里幹事有時會先擺一些基本的桌椅，通常只供主席台與列席機關代表使用，居民就自己搬來板凳。

村里民大會主要是聽取村里辦公處工作報告、議決公約、村里內興革事項與村里辦公處提案及里民建議事項。不過，這大部分都只是行禮如儀，由村里長按村里幹事事先擬好的內容照本宣科。因絕大多數都是建議公所或上級政府如何如何，大家也多依例鼓掌通過，不會太在乎。大家比較感興趣的是各相關單位插花配合的政令宣導，因為這些單位通常會順便送宣導品。

例如衛生所宣導「節育的重要」，附送印有「兩個孩子恰恰好，一個孩子不算少」的手搖扇；如果接著即席問答，答對了獎品更大。

會社（台糖公司）的宣導品「一小包白糖」更受歡迎。從日據時期流傳下來的「第一憨，種甘蔗乎會社磅」的印象，蔗農不得越區出售甘蔗，只能賣給政府指定區內的糖廍或糖廠，採收的甘蔗，定有等級、收購價格，而所謂等級的標準斤兩、價格，全由會社決定，蔗農完全沒有表示意見的餘地，民間根深蒂固多少還是有被剝削的感覺。因此，載甘蔗的牛車經過村落的時候，大人、小孩常常會跟在牛車後面，趁車伕不注意就偷抽幾根。因為不管是春植蔗或秋植蔗，通常在十二月收成，利用村里民大會宣導正是時機，也讓農民了解，牛車載的甘蔗還沒過磅，被偷了，還是農民自己的損失[1]。

村里民大會還有一個重要事項：表揚績優。當時農村，老鼠為患，特別是在秋收之後、來年春播之前，農民在十月間會趁隙種花生或地瓜，老鼠特別猖狂。除了發老鼠餅，提醒大家注意不要誤食中毒，還有各村的抓老鼠比賽，多寡以所繳交的老鼠尾巴計算，每隻可領賞五毛錢，績效良好的還另有獎勵；小學五年級時，我就曾以單日繳二百四十三根尾巴的最優成績，接受表揚*。

1 這麼一說，對鄉下人來說倒有幾分暗示性，不要偷牛車上的，要偷也要等牛車在農會倉庫過磅以後，將甘蔗搬上倉庫旁的糖廠五分車，運往糖廠途中，損失就與農民無關了。

「村（里）長伯」的封號，長久以來一直是來自於仕紳義務職時代的一種尊稱，顯現無價的一種社會地位。村里民大會也是農村居民匯集議事、交誼的年度大事。然而，因事務補助費的大幅提高，村里長職位淪為競相爭逐的肥肉與權力遊戲的地方樁腳，村里長漸漸失去里鄰互推「頭人」以整合基

＊一條鼠尾巴換五毛

我就讀的溪口國小興辦於日據時期，參照通例規定，都以十月二十五日光復節為校慶，慶祝活動包括運動會。一九七〇年，小學五年級，班導師王吉先生擔任校慶運動會總籌備；二十四日星期六只上半天課（隔周周休二日是一九九八年以後的事），上午下課前王老師特別「問」班上學生幹部，下午能不能帶鋤頭、圓鍬等到校幫忙整理運動場地（鬆沙坑、除草、整平跑道……）？

小學生能幫老師做事是最感光榮的事，才過十二點三十分，已經有九個同學分別帶著「枷私」來到學校。我們很熟悉王老師的作息，通常看完史豔文布袋戲後，接著餵食金絲雀（老師在宿舍裡搭鳥舍養了幾百隻金絲雀當副業），星期六還會特別清洗鳥舍，不到二點半應該不會到班上。反正還有一個多小時，閒著也是閒著，大家手上又都有工具，我就提議到校旁農田抓老鼠賺外快。

一呼百諾，九個人就從側牆「溜出」學校。秋收完畢的廣闊農田，一綑一綑的稻稈，或平鋪地面或堆積成垜，稈綑一提，或往稈垜一搓，一看藏在裡頭的老鼠竄出

來，我們就奮力圍捕。運氣不錯，才第一「區」田，就抓了幾隻，而且還發現到老鼠窩痕跡，往下一鏟，一整窩五、六隻月眉未開的乳鼠。不到十分鐘，已經大有斬獲，就繼續往第二區、第三區……，漸行離學校漸遠，從學校旁的溪北村，往前經溪西村、到溝明村，壓根兒把整理運動場的事抛到九霄雲外，一到柴林腳（嘉義縣長張花冠的故鄉），風紀股長張右易突然提起這回事。怎麼辦？都五點了。算了，反正回頭也來不及，搞不好老師都處理好了。一不做二不休，一夥人繼續往前挺進，直到夕陽西下才停止。

同學來自各村，本來有提議，就地「分贓」各自交到自己村長處。但大家都累了，天色又已昏暗，一大堆尾巴（還有太小未開眼，不忍心斷其尾的），究竟有多少？一時也算不清。經商議由班長（也就是我）統一處理。一扛到我所屬的溪北村長家，村長面對這一大袋「戰利品」，也嚇了一大跳。一隻一隻算，清點了兩、三次，總共二百四十三隻，一條五毛錢，村長總共發給一百二十一塊半，每個人分到十三塊半。以當時每天只有兩、三毛零用錢的窮苦時代來說，這無疑是非常不得了的收入，大家都興高采烈地回家。

翌日，光復節運動會一切正常，聽說王老師自己一個人忙到晚上十點多。但老師沒責備，也沒說什麼。直到學期快結束，有個周末，去幫忙老師打掃鳥舍。老師突然對我嘟囔著：「到現在我還很納悶，運動會的前一天，我到底有沒有請你們來幫忙？」不是正式問，我也不敢回答。就這樣，直到老師過世，這個問題還是個謎。

利用這個版面，我要對老師坦承：「對不起！老師真的有請我們幫忙。」

層民力，共同處理生活事務的基層自治意涵，也不再能扮演移風易俗的道德角色。

尤其，隨著資訊傳遞的發達，人民有任何意見，透過滑鼠，上自總統、院長、部會首長，下自縣市長，通通可以直接投遞；有何不滿，「上京」請願、陳抗，或攔轡告狀，根本不需再經過村里長，更何況是一年才一次的集會。停滯在舊農村社會網絡的村里民大會，其功能已因時代演進而逐漸式微，漸受忽視，很多地方甚至不再召開。

話雖如此，有些縣市首長仍然很重視基層反應，仍希望透過這個最直接的民意表達結構，聽取人民的聲音，前臺北縣縣長蘇貞昌就是其中最積極的一位。只是，臺北縣轄區廣大，一千多個村里，具有時程集中性的村里民大會，蘇縣長不可能場場親自參加。因此要求縣府所有一級主管要分別「認養」責任區，並代表縣長親自列席每一場村里民大會，對基層意見要立刻回應、處理，無法立即處理的，也要擬具書面，呈報協調辦理。

我的責任區主要在瑞芳鎮的龍潭、龍安、龍興與龍鎮四個里，分四個晚上前往。第一天，龍安里，四點半就離開辦公室。臺北縣幅員真的很大，從縣府所在地的板橋出發，要先經過臺北市、進入臺北縣汐止鎮，又繞過基隆市，才是瑞芳，抵會場已六點半。

有縣府一級主管蒞會，里民第一次感覺到縣府這麼重視里民大會，發言、提案就特別踴躍。

其中一個里民說，他父親的墳墓因毗鄰的某有力人士建了五米高的家族塔，遮蔽了他家風水，導致家裡運勢黯淡，向有關機關檢舉都沒有結果。

我回說：「這個問題，這麼晚了，去墓仔埔不方便，改天一定請縣府民政局會同相關單位到現場會勘。」

另一位張姓大姐反映：「一〇二號道路是基隆通過瑞芳到濱海的主要道路，路旁的水溝幾個月前整修後，一根根鋼筋裸露，沒人管。搭公車下車，不小心就會絆倒，甚至刺穿受傷，非常危險。」她自己騎摩托車經過該處，就被鋼筋勾倒。張大姐當場撩起褲腳，包紮著傷口的大腿，請我驗傷、主持公道。

我說：「水溝整修工程問題，大姐方不方便等一下散會後帶路，我去實際瞭解一下狀況，一定馬上處理。」

另一個里民表示：「明燈路一段十八巷道路坑坑疤疤，多次向公所反映，一直都沒處理。」

我回應：「縣府正積極推行路平專案，有任何道路修繕問題，都可以利用這個專線反映。」

里民說：「啊！沒啥X路用啦！沒人會理我們庄腳人啦！」

我說：「有沒有效，不妨試看看。」我立刻拿起手機，撥〇八〇〇〇六〇一六〇專線，當著大家的面留下語音信箱。

里民大會約九點四十分結束，里長騎摩托車載著張大姐，我的公務車跟在後面，會勘完已是十點三十分。

第二天一到辦公室，立刻將相關問題擬成書面陳報，鋼筋的問題當天就請施工單位處理解決；至於墓園的問題，涉及民俗、迷信，較為棘手，民政局表示這個問題已爭議了好幾年，恐怕還要花點心思。

第二天晚上，龍鎮里的里民大會。特地提早半小時出發，先繞到明燈路一段十八巷看看處理情形。巷子從基隆河畔轉進去，沿途很多家殯葬禮儀用品社。從巷口往內眺望，新鋪的柏油路面平平整整的、還閃著烏黑的亮光，油然興起一股身為縣府團隊的尊榮感，在蘇縣長治軍嚴明的要求下，對於縣府路平專案的效率不禁感到驕傲。步下公務車，昂首闊步走了約五十公尺，突然像洩了氣的皮球，奇怪，怎麼會有大約二米見方的凹洞沒鋪平？這是哪門子的施工法。

正納悶著，一位阿婆走了出來，趨前詢問一番。阿婆聽說我是縣府來的，立刻變臉：「夭壽喔！你們工人是怎麼管的，留這孔這麼大孔，害阮媳婦騎歐多麥（機車）回來差點摔倒。阮媳婦有身（懷孕）捏，若跌倒你們要怎麼辦？賠得起嗎？」

我連稱道歉：「阿桑，先別生這麼大的氣，我先瞭解一下怎麼回事？」立刻打電話給工務局局長，局長也是一頭霧水，表示都交由開口合約的廠商施作的，他馬上聯繫再給我答案。

不出五分鐘，廠商張先生氣急敗壞趕來了：「啊也不能怪我們呀。是阿婆說她媳婦懷孕，有禁忌，叫我們不能動土整修。為了安全，我們四周圍還插了樹枝仔。」

一聽不禁啞然失笑：「阿婆啊！查某人有身是要小心，有很多禁忌沒錯啦。不能拆修動土，主要是怕動到胎神，不過這是指拆修自己的房子，因為要搬重物、或突然有巨大聲響，對胎兒會有不利影響。」

「胎神由床母看護著，不會跑到外面來，公共道路上不會有胎神，施工沒關係啦。」

「甘安呢？」阿婆還半信半疑。

「沒錯啦，無禁無忌吃百二。你不讓工人填平道路，留那孔這麼大孔，巷子裡車子出出入入很危險，你或你媳婦若不小心，踩到了，摔了跤怎麼辦。」

「這麼說也對啦，可是也不能亂來啊。」

「好，沒關係，我會要求廠商特別小心一點。你媳婦有沒有上班？她不在家的時候施工，就沒有這些禁忌要顧慮的問題。」

「我媳婦有在上班。」

「那就好啊，明早九點等你媳婦出門再來施工，可以嗎？」

阿婆沒直接說好，只點頭示意，應該也不反對。我當場交代張先生妥適處理，才放心離去趕往龍鎮里，另一場里民大會。

法制小辭典　村里民大會

地制法規定：「鄉以內的編組為村；鎮、縣轄市及區以內的編組為里。」「村（里）設村（里）辦公處。」「村（里）置村（里）長一人，由村（里）民依法選舉之，任期四年，連選得連任。」村（里）為地方行政區域之一，屬村里民的集合團體，但非地方自治團體公法人，也不具行政區域的法域功能，在法制上僅屬鄉鎮市區以內土地管轄的行政編組，至多只是村里民所組成的地域性非法人團體。村（里）置村（里）長一人，受鄉（鎮、市、區）長的指揮監督，辦理村（里）公務及交辦事項。但村（里）長並非鄉（鎮、市、區）公所組織法規所定的編制人員，不屬鄉（鎮、市、區）公所機關人員，而是由村（里）民選舉的地方公職人員，為無給職，雖然每個月有四萬五千元的事務補助費，不過那是處理村（里）公務的公費，並非薪津。

也唱龍千玉的〈用心〉——自治監督原則

屏東政治環境特殊，民風熱情奔放，
因為議長補選引發派系對峙，劍拔弩張，
經過主管機關巧妙運用自治監督原理，積極奔走斡旋，
終於化干戈為玉帛，順利完成補選作業。
在交接就職典禮上，一首龍千玉的〈用心〉，
為雙方的讓步作了最佳註腳。

二〇一二年八月，屏東縣議會第十七屆議長林清都因議長選舉時涉及賄選，被判處五年六個月有期徒刑確定，而遭解職；另有三名縣議員也因同賄選案被解職，由黃纓桔、陳美瓊、劉育豪與杜傳依法遞補。黃國安、潘裕隆和張金文宣布要角逐補選議長，並分別由林清都和副議長（代理議長）劉水

復支持。

林清都人馬趕著要在林清都服刑前完成議長補選，但劉水復表示希望能等黃纓桔等遞補者就職後再進行補選事宜，原本議會程序委員決定的九月二十四日至十月五日的臨時會，被劉水復以「待遞補議員就職後再召開」為理由向內政部請示臨時會擇期再開，內政部同意備查。劉水復即向議員及縣政府等相關人員，寄出延期通知書。此舉引起黃國安等議員的不滿，召開記者會抗議。

三十多名議員於十四日連署要求代理議長召開臨時會，進行議長補選，當天下午在聯絡不到代理議長的情況下，依二十八位議員請求召開程序委員會，祕書長黃道東決定互推主席，會中議決十九日到二十一日召開臨時會補選議長，黃道東並決行函發會議通知，召集臨時會。

十七日一大早，劉水復趕到內政部中部辦公室說明黃道東決行的公文不合程序，隨後又以黃道東未經同意，涉嫌假冒他的名義在公文上批示「如祕書長擬」，冒蓋他的職章，解除黃道東祕書長職務，調任行政組主任；並趕往屏東地檢署控告黃道東涉嫌偽造文書。黃道東則指出，他只是照著以往決行公文時分層負責的程序做；既然整起事件已進入司法程序，一切由司法決定。

內政部十八日函文議會，要求將事實報內政部釐清後，才備查十九日到二十一日的臨時會。惟十九日仍有五十一席議員中的三十七席議員出席臨時會，由於劉水復並不承認本日議員所召開的臨時會，事前已要求議會員工不得參與相關幕僚工作。因此，補選議長的選票並沒有關防，議員則全程錄影、錄音存證的前提下，先以起立方式通過確認選票的有效性，再進行投票。黃國安獲得三十五票「當選」。

劉水復則發出聲明，指臨時會召開程序依法不合，所謂的投票行為，選票為私自印製，沒有蓋縣議會關防，不符合內政部選票格式，選舉無效，議會一概不承認。將參與臨時會的黃道東、祕書廖志祥記過二次處分，機要祕書黃宗裕免職。並再次以祕書長黃道東等自行印製選票，涉嫌偽造公文書，向地檢署提出告訴，另聲請查扣偽造選票。

經內政部派員調查、瞭解，提出報告指出，本案議員三分之一以上請求召開臨時會，議長並無不召開的權限；但法律也賦予議長有十天的準備或決定期，逾越十日期限，如仍未依法召集時，即得由副議長召集之，如副議長也不依法召集時，始得由過半數議員互推一人召集之。本案並未待代理議長於十日內決定是否召集，祕書長即擅自發文召開程序委員會，決定召開臨時會，違反地制法第三十四條規定至為明確；又，程序委員會的召開，內部作業程序、權責也違反該議會自治條例、自律規則及內部分層負責明細表。

為符合法制，民政司原持法定原則，擬簽請依地制法第四十三條「縣（市）議會議決自治事項違法無效」的規定，予以函告無效，並要求該會重新依地制法及該會自律規則規定，重新召開程序委員會審定議事日程後，依法召開臨時會辦理議長補選。

此事驚動府院黨，為求審慎，部長李鴻源特別徵詢我的意見。我認為事屬議會內部議事運作產生的爭議，參酌各國通例，有關議事進行及紀律等事項，均屬議會自律的範圍，除成文規則外，也包括各種不成文例規，於適用之際，且得依其決議予以變通，而由作此主張的議員自行負擔政治上的責任；例如議事規則明定議案應經表決獲過半數始為通過，但議事慣例上，絕大部分的議案，議會主席都採無異議認可取代表決，其議決效力也不受影響。

議會有關議事規範的適用，與一般機關應依法規嚴格執行，並受監督及審查的情形，有所不同。基於輔助原則，議會自律規範的衝突，允宜先由雙方本議事和諧精神，相互讓步，謀求解決；如窮盡議事規範的自律運作，仍不能化解爭議或排除違法狀態時，再循自治監督程序強制介入。

而且，國家行使監督權時，也須掌握權變原則，絕不能自居於監護人的地位，而需考量其與自治團體間的和睦關係，權衡個案違法情節輕重，決定是否採取監督措施予以介入；而非對於任何違法行為毫無漏洞且自動地加以譴責，並且一律機械式地加以追究；而係由國家依合義務性裁量來決定是否針對具體的個案行使其職權。如其違法，僅造成單一機關（如議會內部）權限運作的障礙，未對居民權益造成廣泛的影響，則允應盡可能本議會自律解決。

我強烈主張自治監督機關允應先保留一點彈性，不要把話說死，讓雙方在彼此顧及尊嚴的情況下，有尋求協調、讓步的空間。否則，監督機關動輒拿著大刀亂砍亂揮，固然顧到了法律尊嚴，但一不小心反而會使雙方因撕破臉，為地方派系顏面，關係更為惡化，可能斷送協調的可能。

這樣的意見獲部長及政次簡太郎的認同，簡次長並認為應先溝通再出公文。其實，論資歷及政治影響力，簡次長才是協調的最佳人選，但簡次長以爭議雙方都是好朋友，包括劉水復和支持黃國安的原議長林清都還是親家，站在任何一方都很為難，所以向部長推薦由我擔任全權溝通大使。部長當下決定，指派我「低調」前往屏東縣議會，盡量促成雙方協調，以求圓滿化解爭端。

本來準備二十八日就前往屏東，因為當天凌晨三點左右，屏東縣新園鄉烏龍村傳出槍響，前議長周典論住宅遭疑似黑道持步槍朝車子及房子連開三槍；周典論直言「與日前屏東縣議長補選有直接關係」。由於屏東縣十餘年前因前議長鄭太吉開槍殺人，屏東一度被冠上「黑道故鄉」的惡名，周典論住家遭槍擊，讓地方治安又蒙上陰影。

簡次長為安全計，建議稍待幾天，等事情較平靜了再去。不過我覺得不能再拖，還是決定只往後延幾天。次長開玩笑地說：「要不要請屏東縣警局派員保護？」我回說：「部長指示要低調，警察一來，豈不昭告天下，恐怕要變成全國大新聞了。」

十月一日有生之年第一次來到屏東市，直接按約定時間先前往議員研究室拜會黃國安，明白告知內政部可能函覆的公文內容及用意。黃國安問：「這樣，日前的選舉到底是有效還是無效？要不要再重新投票？」

「就這一點，私底下我不得不說，程序上是有瑕疵，但這樣的瑕疵，也不是不能補正。我們想方設法保留大家的顏面，盡量不要撕破臉，至於是重新辦理選舉，或單純地議決補正，可以再和副議長協商。至於怎麼補正？開會確認選舉結果也是一種方式。」

黃國安表示：「只要內政部保持中立，不要偏袒任何一方，不要就合法問題指指點點，我會依內政部指示辦理，盼議長之爭儘早落幕，使議會平和順利。至於是要重選或補正，都可以，我尊重劉水復的態度。」

「有議長這句話就夠了，我有另約副議長談，你要不要過去一起談？」

「他還在氣頭上，我在場恐怕不方便；就麻煩你囉！」

在議會幕僚人員的指引下，單獨進入副議長辦公室，相較於黃國安的前後簇擁，副議長辦公室還真有股「門前寥落車馬稀」的悲涼。不過，劉水復也算性情中人，愛惡分明。他知道我的來意，是和事老，更是說客。但遠來者是客，禮數還算周全。

「政治沒人這樣玩的啦！吃人夠夠，我這樣被人糟蹋，若吞下這口氣，在地方上還要怎麼走踏？」

「副議長的委屈，我們充分理解……。」

「理解？既然理解，你們就直接宣告補選違法就好了嘛。為什麼要拖拖拉拉的？明明黑布硬說是白布，如果硬ㄠ說是合法，我醜話在先，你們有你們的辦法，我也有我的方法，我也不是吃素的。」

「副議長誤會了，內政部從來沒有對外說是合法或不合法。」

「是國民黨縣黨部主委說的，他對外宣稱有問過內政部。」

「外面怎麼說都不算數，一切以內政部正式的公文為準。」

「那你現在告訴我，到底臨時會合法不合法？選舉有沒有效？」

「法律硬梆梆的，依法行政對公務員來講是最容易的，可是我們更要考慮的是，要如何圓滿解決問題。尤其，看目前的情勢，更重要的是如何顧到彼此的尊嚴，怎樣給個下台階？」我刻意轉個彎迴避掉這問題。

「我現在還有什麼尊嚴，連黃道東（按：祕書長）都西瓜偎大邊，大主大意，偽造公文，擅自發文。」

「司法歸司法，會議歸會議。黃道東如果有犯法，司法一定會還你公道。我們就不談這件事。部長交給我的任務是，和副議長商量，找出一個彼此都能接受的處理方式。」

「那你說，要怎麼做？」

「我的建議是再開個臨時會，補正一下選舉程序。」

「要怎麼補正？是重新選一遍嗎？」

「重選也是其中一種方式，或者開會單純確認選舉結果也可行。」

「不重選，不就承認黃國安所作的完全合法了。」

「也未必啦，因為，正常的程序，選舉完不須再經會議確認結果，就可以造具選舉結果清冊及當選人名冊，報請自治監督機關發給當選證書。如果我們還要再開一次會經確認後，才把選舉結果送出去，就間接表示之前的程序有瑕疵，所以我們給它補正。」

我看劉水復原來緊繃的神情有鬆懈的傾向，立刻往下說：「我覺得最重要的意義是，這個臨時會要由你來召開，也由你來主持，這樣就無異對外宣示，現在還是劉某人在當家，只有代理議長說了算。」

「那就重新選一次就好了嗎？」

「如果副議長堅持一定要這樣也可以啦，只是以目前的情勢看來，結果不是同款？有必要勞師動眾嗎？」

「同款不同師傅；內政部公文要怎麼寫，我沒意見，但不重選一切免談。」

「好，我再跟黃議員喬看看。部長最大的希望，還是雙方能各退一步。」

走出副議長室，再往黃國安研究室，轉知劉水復的態度，黃表示會好好研究。我就寫了兩個處理方式的運作程序，當作錦囊妙計，供黃議員參考。

黃議員留我一起用餐，我以任務在身，多所不便予以婉拒。

下午四點左右一進辦公室，黃議員就來電：「如果他願意順順地召開臨時會，橫直都要開一次會，要重選就重選吧，反正我也不耽心結果會變卦。」

我就將協調過程及結果，完完整整向部、次長報告。部長問：「那要怎麼回復縣議會的公文？」

我簡單寫了兩行字：請屏東縣議會「儘速依地方制度法及自律規則之規定，召集臨時會議決議長補選相關事宜」。部長很有擔當，表示不為難民政司同仁，就讓他扛起全部責任，直接據以修正、批示簽呈，於十月四日正式發文[1]。

由於公文並未說明九月十九日召開的臨時會合法性，也未提及當天議長補選的適法性，讓議員、議會職員看得霧煞煞，各自解讀。有人認為，既然要求依法召集臨時會，應該是指之前的臨時會不合法，因此應重新補選議長。也有人認為，內政部只是提醒「依法」召集，相關程序應完備，避免爭

1 內政部一〇一年十月四日內授中民字第 1015730780 號函參照。

議；況且，函文中並未解釋先前的臨時會違法或無效，至於議長補選相關事宜，也未要求「舉行」、只是「議決」。

外界雜音不斷，不過劉代理議長果然是條漢子，還是依協調，在過半數議員連署下於十月十七日召開臨時會。支持黃國安的議員原以為可按既定戲碼順利補選，只是當天會議的發展，並不是原先設想的那麼平順。

當天上午會議由「代理議長」劉水復主持，五十五名議員全數簽到，議事組主任王榮愷先宣讀新任程序委員與紀律委員名單，經劉水復徵詢與會議員無異議，隨即宣布新委員名單通過。

接著處理「討論議長補選相關事宜」，議員江維屏提出權宜問題，依議事規則應優先處理，但劉水復卻讓後舉手的王景山先發言，王景山說，議會為了議長補選鬧得滿城風雨，還有多位議員被屏東地檢署傳喚，建議議長不要補選，讓劉水復繼續代理。

但潘長成有不同意見，他說，上次議長補選已被內政部說無效，認為應該再補選。這時王景山起身插話，潘怒罵：「你講三小」，王不堪受辱，拿起水杯就丟向潘，潘也拿水杯往王身上丟，接著演出全武行，兩名議員扭打成一團，議員紛紛上前勸架。

主席劉水復眼看秩序混亂，敲了幾下議事槌，高喊：「議會請肅靜，尊重本席好嗎？」未料，潘長成又持水杯丟向主席台，劉水復說：「這跟我啥關係？」憤而敲下議事槌宣布：「本次議會到此結束」。

劉宣布散會的動作引起江維屏不滿，衝向主席台向劉抗議，劉也回嗆，議員盧同協也跟著抗議，劉回嗆說：「你們吃人到夠。」現場又是一片混亂，劉、盧兩人火爆場面一觸即發。黃國安、黃纓桔連忙緩頰。但劉仍逕自走下主席台，離開會場。支持劉的十幾位議員也跟著離開。

黃國安急電李部長該怎麼處理，部長簡單回覆：「繼續把程序走完，道理我請劉參事來跟你說。」我接過電話，回以：「散會時間未到，議程所列事項也未處理完畢，未經大會同意，主席無權宣布散會。依規定在場委員可以互推一人擔任主席，繼續開會。」

黃國安像吃了定心丸，緊急要求留下的議員繼續開會，他說「劉水復未將議程走完、也沒有人提散會動議、開會時間未到就宣布散會，不合規定。」隨後在場議員公推江維屏擔任主席，江請議事組人員列席，休息三十分鐘準備選票補選議長。

結果四十名議員投票，黃國安還比上次多了三票，獲得三十八票，何輝能一票，無效票一票。江維屏當即宣布黃國安當選議長。

有記者跑去問劉水復的看法，劉表示：「要選就讓他們去選，尊重議員權利。」不過他又補上一句：「會盡速再度召開臨時會，選出新議長。」外界解讀是不承認再度補選的效力。內政部中部辦公室自治人員培訓科長林朝舜回應記者指出，選舉有無效力，他不敢說，要等收到公文後再研究，並說「頭殼又要抱著燒了」。

午餐時，林郁虹、蘇義峰兩位議員請大家不要離開，因已請法院派員，法官下午要到議會監誓。到了下午兩點半，因內政部並未對選舉結果做出回應，黃國安只好說，「內政部已要求議會將議長補選結果向上呈報，可望近期內完成議長宣誓就職。」

下午約三點，由中部辦公室轉來陳報選舉結果公文，確認合法性沒問題，即通知議會十九日辦理就職典禮。但因劉水復仍對選舉的合法性有所質疑，能否順利進行移交，還有變數。因此，部長再次指派由我前往監交，以隨機因應各種突發狀況。

十九日趕早班的高鐵南下，林朝舜科長在臺中烏日站上車與我會合。一路上，林科長愁眉不展，臉色蒼白，問他何故？林科長央求：「我可不可以不要去議會？就在左營站等長官。」

在我追問下，他才悶悶地說：「中秋節晚上（按：九月三十日）大家很開心地烤肉賞月，我卻接到一通電話，對方放話如果敢到屏東，一定給我蓋布袋。」

我安撫著說：「不用耽心，你就一路跟著我，寸步不離，保證你沒事。」

「可是監交的時候，長官在主席台，我又不能坐上去。」

「這小事一樁。」我立刻撥電話給議事組王主任，請他給林科長安排坐在我旁邊。「這下你可以放心了吧。」

一到議會，一片熱鬧景象。先向黃議長祝賀，並進行沙盤推演，如果劉代議長仍不願主持、進行交接，該如何處理。雖然，我已準備兩套致詞劇本，但仍衷心期望能有轉圜空間，所以還是去拜訪劉水復。

看到劉水復的一身裝扮，當下涼了半截。他穿著紅色polo衫，白短褲、運動鞋，態勢已很明顯，他並不準備辦理交接。

我仍然不放棄，盡量分析利害，曉以大義：「情勢已經無法改變，等一下儀式一結束，黃國安就是名正言順的議長；大家在議事堂上熱熱鬧鬧開開心心地，你孤零零地在這邊生悶氣，除了被消遣外，還能得到什麼？」

「退一步海闊天空，只要轉個念，踏上主席台，我保證該有的光彩，通通還給你，讓你在全體鄉親面前抬起頭。」

「你的用心我能理解，讓我想想吧！」

眼看已經九點四十分，就職典禮即將開始，我沒再多停留，直接前往議事堂。黃議長問我，情況如何？我回說沒把握，但沒到最後，仍有可能。

五十分，在服務人員引導下坐上主席台的監交人座位。縣長在我右座觀禮，林科長則被安排在我和縣長中間。我一方面和縣長寒暄，一方面不時引頸望向議事堂的側門，期待奇蹟出現。

約五十五分，議員都已就座，典禮就要開始了。突然一個紅色的身影在門外走廊晃動，我眼睛一亮，立刻從座位上站起來，果然是劉水復副議長。我比個手勢朝向他，司儀也配合大聲喊：「歡迎主席代議長入席」。

全場驚奇騷動，掌聲不斷。黃國安一個箭步跑過去握住劉水復的雙手，兩人並肩向前，記者也不顧秩序就擠過來追問劉；劉水復回說：「反正內政部是國民黨開的……。」話沒說完，看了我一眼，又立刻改口說：「不不。我尊重內政部，劉參事用心良苦……。」聽到這，會心一笑，在我的建議下，黃國安與劉水復二人互相擁抱，表達前嫌盡釋，讓記者拍照。

劉隨後步上主席台，議長宣誓及交接典禮按原定時間準時而順利進行，二個月的洶湧暗潮，終於圓滿平息、和平落幕。

正如劉副議長說的，他能體會我的用心。我在監交致詞時，就特別吟唱了金曲獎最佳演唱人獎龍千玉的歌「用心」，為這段政壇糾葛做一總結與期許。

※

於此，特將屏東縣議會po在Youtube的致詞內容[2]謄繕如下：

今天是我們縣議會的大日子，首先我要恭喜全體議員，這一次可以說是用高度的智慧，還有互信、互諒的政治情操，共同締造這個臺灣地方自治發展史上，足為典範的一段歷史。個人研究地方制度將近三十年，也寫過至少三本地方自治的書，專業告訴我，今天大家的表現，未來絕對會成為議會自律，以及中央與地方如何營造親善夥伴關係的重要案例，可圈可點、可喜可賀。個人非常高興也很榮幸能夠代表內政部長，來參與這個盛會，見證這一段歷史。

2 https://www.youtube.com/watch?v=9mUafXqrEje&feature=youtu.be

其次，我要特別向劉副議長表達最高的敬意。其實我曾經來拜訪過劉副議長，也感受到這段時間他受到很大的委屈。但是，今天在這麼重要的時刻，他能夠做出一個關鍵的決定，選擇出席今天的會議，來完成他的法定任務，這樣的政治格局，這樣的雅量，絕對值得我們學習、肯定與尊敬。（說到這，我特別停下來，轉向坐在議員席上的副議長，行了一個大大的舉手禮，與會觀禮來賓紛紛起立報以如雷掌聲。）

當然，今天還有最重要的任務就是，要向黃國安議長表達最高的致賀之意；黃議長從政二十年，見過滾滾紅塵、大風大浪，能夠淬礪出圓融、寬厚的政治風範，這樣的風範在這段時間展露無遺，令人敬佩，我相信這也是他這一次能夠兩度得到議會同仁絕對多數肯定、支持的一個重要原因。

回顧這一、兩個月來，說實在的，我們的議事運作確實有一些波折，但是就如德國的一句俗話說的：Ende gut, alles gut。只要結局好，就是好。今天不管曾經過去如何，至少我們已經依照法定程序，順利的完成了補選以及交接的作業，我們相信，也深刻的期許黃議長，能夠用他向來調和鼎鼐的胸襟、經驗，讓我們的議事運作能夠很快的重新回到正常的軌道，議事運作順暢，府會關係和諧。

很多人講政治是殘酷的、政治是沒血沒淚的，但是從我們剛剛所看到的這一幕，議長跟副議長的這樣一個表現，我們也相信政治絕對是溫暖的，政治有時候是很浪漫、很感性的，就像我今天早上從臺北來的路上，剛好聽到收音機放送了一首歌，是龍千玉小姐所唱的〈用心〉，我想輕鬆地利用這個機會，在這個神聖的殿堂上來跟大家分享一下，她是這樣唱的：

「稻仔若飽穗頭就沉落來，人若有認真生命才精采；有緣才有你甲我佮這坐逗陣，有份才有我感受你的愛。」

抱歉，時間的關係我只能唱到這裡，我今天必須講，其實大家都是好朋友，說實在話，有這樣的一個政治情緣，我們才可以在這邊共事，我深深地期許，過去不管如何，相信剛剛這樣的一個過程，我們都已經能夠放下過去的種種，重新攜手合作來監督縣政，為民喉舌，來創造我們全體縣民最大的福祉。

※

交接儀式結束後，在議長辦公室，當著二、三十位議員及前來祝賀的鄉親的面，我鄭重表示，一定會將這段臺灣地方自治史上重要的案例，記錄下來，作為正面教材。這絕非虛應故事的客套話，除了在所著《地方制度法釋義》（五南出版社出版）一書中略述其要旨之外，也特別在本書的最後一章，將事件的始末、發展與意義，完整交代。

法制小辭典

自治監督原則

所謂自治監督，是指國家對於地方自治團體辦理公共事務所為的監管、審查、督飭、考核的作用。對於地方辦理公共事務的瑕疵，基於適應國家整體發展的需要，國家固得於必要範圍內予以匡正，本其職權，矯正其違法、督導其失職及杜絕其流弊。但地方自治團體既被賦予「公法人」的地位，為權利的歸屬主體，在法律範圍內享有自主與獨立的地位，應受到一定的尊重。

鑒於國家監督權行使的目的，並非在使地方自治團體的一切行為皆須受國家意志的拘束，而僅在確保其合法地履行其法定任務及義務，並保護地方自治團體及國家整體利益。因此，國家實施監督權時，允應遵循一定的原則。

地方自治監督機關行使監督權時，究應遵循如何原則？歐洲地方自治憲章第八條，揭示了幾項原則，即一、依法監督原則，二、自治事項適法性監督、委辦事務合目的性監督原則，三、便宜及比例原則等。我國地制法並無一般性的教示，過去實務執行上，也都只在依法行政、放任不管或束手無措之間，擺盪徘徊；不僅未見相關論述，即相關的理念運用也付闕如，二〇一二年有關屏東縣議會第十七屆議長補選爭議的處理，可謂難得而具典範價值的案例。

附錄：九二一「博士的家」法律扶助筆記

劉文仕（臺北縣政府法制室主任）記述

9月21日

09：00 臨時主管會報上本人提出防止脫產的重要性，縣長指示：「若民眾權益受損需申請索賠者，請稅捐稽徵處協助提供稅籍資料、地政局負責行政作業避免建商瞬間脫產，並由法制室統籌辦理。」

10：30 請工務局調查、提供建商、營造廠、建築師等名單。

11：00 會報後即馳往災區現場瞭解。

13：00 與地政局協調，如何在技術上行政延緩建商辦理不動產過戶。將建商等名單交予地政局轉囑轄內地政事務所，若有辦理不動產過戶者，從行政技術上拖延，以防脫產。地政局同仁表示有違作業規範，本人從道德上勸說促請勉力配合，並允諾盡最大努力於七日內取得司法機關的禁止令。

14：00 與財政部財稅資料中心協調，可否提供起、承、監造人及全體股東財產資料，資料中心表示依稅捐稽徵法規定，相關資料屬祕密，礙難提供。

本人告以，將以消費者保護法規定，由消保官行使調查權。

9月22日

08：00 本室正式發函財政部財稅資料中心，調查倒塌戶起、承、監造人及全體股東財產資料。

08：30 臨時主管會報林副縣長錫耀提示：「相關法律救助請法制室主政，並請民政局協調所屬義務律師，派員至現場提供法律諮詢服務。」縣長指示：「法律扶助：提供縣民法律服務、貸款、稅捐減免，求償相關事宜，請機要祕書、義務律師、消保官、法制室研擬追究起承監造人法律責任。」

10：30 召集本室各級主管、科員及民政局調解行政科科長，研商法律扶助及責任分工事宜。

14：20 緊急邀請本府義務律師八人，於法令資料中心研商法律扶助事宜及統一法律疑義解答，庶免見解歧異徒滋紛亂。確定依契約關係及侵權行為規定求償，並疏導災民排除提國賠的選擇，以免重蹈林肯大郡案的覆轍。消保官提出團體訴訟的規定，經討論後，認為可行性甚高，乃責成消保官立刻與消基會聯繫，由本人親自與消基會祕書長洽談。

15：00 本人赴議會，由陳消保官接續主持研商，決定由翌日起連續三天提供災區現場法律諮詢，排定義務律師輪值及配合本室及民政局協辦人員；並定於二十六日下午假新莊市公所舉開說明會。旋由本室發新聞稿，民政局張貼公告。

17：00 接獲財政部財稅資料中心以不備函方式，直接送來兩大袋所需資料。即向林副縣長錫耀報告，並說明處理原則，召集全室同仁整理相關財稅資料並予分類、列印。分由地政局、財政局儘速辦理，防止建商脫產。

9月23日

09：30 再召集本室各級主管、科員及民政局調解行政科科長等，一方面鼓勵、慰勉休假間仍需排班輪值的辛勞，一方面再聽取相關意見，民政局課員周文章反映說明會太倉促，新莊市公所配合有困難。本人亦認為此時暫不宜將群眾聚集，以免引起情緒失控。爰決定取消，並請民政局回收前通告。後續聯繫作業由消保官統籌處理。

10：50 縣長就如何保障受災戶權益、防止脫產問題，與「博士的家」承辦檢察官陳銘祥交換意見。

11：00 電洽板橋地檢署檢察長葉金寶，商討建商財產扣押問題，葉檢察長表示法律上恐有疑義，本人認為可以犯罪所得予以扣押。蓋以犯罪所得可能化為金錢存放金融機構，或繼續投資興建其他建築。但未獲具體回應，僅表示希望繼續維持聯繫。

15：30 前往光華及黃魚兩活動中心，瞭解法律諮詢運作實況，律師均甚熱心，而有耐性對應任何疑難，幕僚人員配合亦甚良好；但實際利用者不多，較為可惜。

16：30 檢察官陳銘祥以建商林義信及建築師連志謙涉及公共危險、業務過失致死罪嫌，有變造、串證之虞，聲請收押禁見，並凍結林義信等人資產。

9月24日

03：20 法官毛崑山裁准收押林義信、連志謙。

9月25日

14：00 蘇科員婉絢急電：有民眾異議為何未見說明會；林副縣長錫耀亦來電責備：停開現場亦應派員解釋。蘇科員急洽消保官赴現場處理，善後尚稱妥適。

19：00 與消保官檢討作業上的缺失，確認是法制室與民政局雙頭馬車上的落差，以致聯繫上有所失誤。

9月27日

08：30 臨時主管會報，本人提出數點報告：一、已與消基會協調替受災戶提團體訴訟；二、本室已將現場法律諮詢相關法律問題予以彙整，將立刻研擬書面解答供參考；三、建議向中央爭取林肯受災戶能比照此次所定各項救助措施。四、訴訟扶助各項費用由本府全部支應。縣長均予核可。

10：00 召集本室相關同仁，就法律疑義研討解答方向與重點。

11：30 電板橋地院院長黃文圞，就假扣押擔保減免問題交換意見。黃院長表示尊重法官獨立，不便行政提示，僅請原告個別釋明。

14：30 再與板橋地檢署檢察長商討相關法律疑義，取得可以視為犯罪所得予以扣押之共識。

16：00 法律諮詢書面初稿完成，二度會商後要求同仁再次修正。

9月28日

09：30 三度會商法律諮詢書面解答，再修正。

9月29日

09：00 擬定本室法律扶助指導方針，並責成蔡編審婉如撰擬新聞稿。指導方針如下：

新莊「博士的家」及「龍閣家園」傾倒受災戶：已商請中華民國消費者文教基金會，依消費者保護法第五十條規定，以提起團體訴訟方式向建商請求損害賠償。

因前二棟建築物倒塌或傾斜而被殃及的其他受災戶：因無消費者保護法

的適用，擬商請縣府義務律師，協助提起一般民事訴訟，向建商求償。其他縣內「安全堪慮」建築物所有權人：因責任類型不同，無法通案處理，請先經鑑定，確認可歸責的對象後，隨時洽詢本室各服務專線（29691735、29603456轉279、280、283、285）；或於每星期一、二、四下午，向縣府駐府義務律師面詢。確定服務需求後，再作後續協助。就通案性法律問題：本室經於數日現場法律諮詢，除口頭說明外，並予整理擬具書面解答，如有需要歡迎隨時索取。詳細事宜，法制室將於近日內假新莊市公所舉開說明會。

15：00 書面解答及新聞稿定稿。

16：30 拜訪消基會祕書長蘇錦霞，就協助災民提起團體訴訟事宜，廣泛交換意見後達成協議，由消基會承接訴訟；並訂於十月五日邀集重要幹部及義務律師開小組會議後，於七日或八日與本府聯合舉辦說明會。

9月30日

10：00 接獲板橋地檢署陳銘祥檢察官就「博士的家」負責人財產禁止處分令。就「轄內財產」如何認定？尚有疑義，電洽葉檢察長研商。

11：00 再召集各級主管、調解行政課課長，就法律扶助方案具體內容及說明會事宜進行研討。並請財政局派員參加，就非基層金融機構財產查扣問題，交換意見。

14：00 行政院消保會副祕書長黃明陽親至本室，轉達行政院副院長（即消保會主任委員）重視之意，並希瞭解本府與消基會合作經驗，以作為各地操作參考；另徵詢有無協助需求？本人即提出本府經費籌措有困難，建議由中央統一補助相關訴訟費用及律師車馬費，經黃副祕書長口頭答應，將代為反映。

16：00 臺北律師公會平民法律服務中心召集人鄭文龍律師與楊正華律師分別來電，洽商災民法律扶助合作事宜；並對本府以迅雷不及掩耳方式協調檢察官扣押建商財產，並積極協調消基會提團體訴訟，保障災民權益之作為，深表讚佩。

10月1日

10：00 各重要媒體先後採訪本室法律扶助措施，並錄專輯。

11：00 行政院消保會作出決定：將本府與消基會合作模式推廣於全國，並補助訴訟所需費用，包括裁判費、郵票費、假扣押聲請費、律師車馬費等。法務部通令各地檢察署，比照板橋地檢署模式：於偵辦倒塌建物刑事案件時，如有必要，可就建商或營造商所有財產，做出扣押等強制處分。

14：30 召開本府義務律師團成立會議，確定扶助辦法及一般原則，達成諮詢而不接案件，以及僅向建商求償而不提國賠之共識；推鍾康治律師任團長，並完成編組及個案「認養」：

「博士的家」C棟及「龍閣家園」A棟，由消基會提團體訴訟；

「博士的家」A、B棟及附近災戶：植根律師事務所章修璇律師；

被「博士的家」C棟壓垮之受災戶：昭明律師事務所李振宇、林倖如律師；

「龍閣家園」B棟及附近災戶：蔡炎城、袁岳衡律師；

鍾毓理律師、黃顯明律師作預備組，受理其他個案。

16：30 分電臺北律師公會鄭律師及楊正華律師洽商扶助合作事宜。

10月2日

09：30 邀集本室相關人員處理有關事宜：

許科員紘臻承辦禁止處分財產之密函；

李科員進晃分析營建弊端，研提相關立法建議；

蔡編審婉如蒐集、彙整各級政府所提供災民相關訴訟輔助措施；

李科員素慧研提訴訟救助建議案。

11：40 拜訪司法院院長翁岳生，報告司法實務對災民求償障礙問題，並提出訴訟救助建議案，獲翁院長認同；並即指示民事廳廳長廖宏明研究辦理。

12：10 司法院廖廳長來電交換意見。建議如下：

一、於震災受損求償案件中，如提起民事訴訟之受災民眾提具鑑定報告或其他佐證足資釋明建商確有責任時，即准其訴訟救助之聲請。

二、如聲請人提具鑑定報告或其他佐證資料足資釋明建商確有責任時，法官可免擔保准予假扣押或適度降低擔保金額，以利民眾求償。

10月4日

11：00 陳文治議員陪同龍閣社區自救會與萬象華都代表請願，由林副縣長錫耀率同地政局局長、本人等接見，說明本室扶助原則與現況，均獲良好回應。

16：00 獲知「博士的家」A、B棟亦為危險房屋，應予拆除。似有消保法適用，乃再前往消基會協調，一併納入團體訴訟。

10月5日

09：00 與新莊「博士的家」受災戶初步接觸，介紹團體訴訟的好處，並請受災戶能用簡單、標準化的格式，委託消基會向建商求償；受災戶代表表示願意配合縣府的指導。

11：00 調解課鄭課長陳報：新莊市公所不願出借禮堂。

14：00 電民政局盧局長，託其與新莊市公所協調禮堂出借事宜。

14：30 召開室務會議，就團體訴訟與法律扶助協談會事宜，交辦分工，決定合辦原則。調解課周先生反映協談會餐點、交通缺乏經費，如何處理？決定由本人與社會局、建設局協調。

15：30 與建設局局長、社會局專員協調，確定協談會當天午餐（約六百個便當）由社會局支應，建設局協調三重客運、飛指部、憲兵訓練中心各開一部專車解決交通接送問題。

16：30 再與消基會確認協談會日期，因消基會原定義務律師會議改至十月六日下午舉行，故仍無法確定。多位本府義務律師亦來電詢問，均告以仍無法決定，實屬歉意。

17：00 因天候、地點、消基會不確定因素等，決定協談會延期舉辦。

10月6日

15：40 電消基會董事長姜志俊，協調配合事宜，龍閣社區已經將權狀、契約書送到；聯繫「博士的家」意願如何。

16：40 與龍閣社區王副主任委員聯繫，初步交換意見，決定由該社區訴訟代表來府商議。

10月8日

10：00 與臺北律師公會、消基會研商如何協助受災戶提出團體訴訟，決定由消基會以「博士的家」及龍閣社區名義提起團體訴訟，並由消基會委託公會律師協助訴訟；如有不符團體訴訟要件者，即由公會律師直接進行一般的民事訴訟；同時，臺北律師公會也義務性接受對建商進行刑事責任追訴的委託。

10月12日

11：00 確定由縣府、消基會與臺北律師公會共同於十六日，假新莊市公所大禮堂舉辦「團體訴訟暨法律扶助協談會」，並由縣府積極宣導。

17：30 向縣長報告協談會須各單位配合事項，經縣長裁示各單位全力配合運作。

10月13日

11：00 與消基會研商協談會當日如何協助填具表格。

14：00 本室與各單位共同研商「協談會」事宜，並進行相關講習。

10月14日

08：00 電中央廣播電臺「早安鄉親」節目主持人陳京先生，請其代為宣達協談會事宜；經其同意連續三天於節目中義務宣導。

18：30 電「海洋之聲」電台台長吳影先生，請其幫忙宣導，亦獲其同意無條件幫忙。

10月16日

14：00

於新莊市公所大禮堂舉行協談會，縣長親自主持並致詞，消基會姜董事長亦親自與會，受災民眾約五百餘人參加，現場並由法制室全體同仁及消基會義工指導災民填寫各項資料表格、請求權讓與書、刑事委任狀等。

會場周邊則有工務局、稅捐處、地政司等單位主管或副主管督導同仁提供相關諮詢與申請服務。

17：30

完成團體訴訟委託書件五百餘份。

10月18日

10：00

建商透過劉姓議員來訪，表達願意和解；本人回以如有誠意，縣府願居中協調，並約定協談時間。

10月20日

11：00

建商、建築師及技師等代表至法制室討論賠償事宜，但均表示主要負責人林義信等被羈押，無法代其表達意見。

10月22日

13：00

龍閣大樓建商與受災戶達成初步和解，建商同意先行撥付一億二千萬元到雙方共管的帳戶。

10月23日

08：00　赴土城看守所面會林義信等曉以大義，期其面對責任。林義信表示可與其太太談。

10月26日

10：00　與「博士的家」自救會會長李國民等人討論求償事宜，轉達建商和解意願。

10月27日

19：00　與楊正華律師赴新莊民安國小，與「博士的家」受災戶代表協談和解事宜。

11月2日

11：00　板橋地檢署通知縣府法制室，「博士的家」建商及股東等十五人已偵結起訴，全案移轉地院處理，依規定須解除財產扣押與禁止處分。

11：30　縣府聯絡消基會、鄭文龍、楊正華等律師，依犯罪被害人保護法第二十八條規定，向板橋地院聲請民事假扣押，並聲請准予免供擔保。

11月5日

10：00　板橋地院接受縣府意見，依訴訟救助原則，裁定免供擔保（約六千萬）。

10：30　律師公會楊正華律師表示仍須繳納執行費約一百六十萬，立即向縣長報告。

11：00 副縣長林萬億召集法制室等單位研商，決定由愛心捐款先行墊支，侍未來求償有結果時，再依公平原則予以扣抵。

2000年

1月10日

14：00 建商林義信太太於多位律師陪同下，首次出面與受災戶協商，達成罹難者每人賠償六百萬共識。並約定十三日繼續協談受傷者賠償事宜。

1月13日

11：00 林義信太太與建商代表來電表示不能出席，並傳真表示只有林義信本人才能解決賠償事宜。

1月20日

15：00 自救會會長李國民及王樹發等表示建商毫無誠意，眼見年關將近，災民備感不耐，準備上街抗議。本人回以可體諒大家此時心情，發洩一下可紓緩壓力，但協商大門仍未關閉，請保持理性。李國民表示不會為難縣府，也會請大家克制。

1月22日

09：00 「博士的家」受災戶上百人至板橋建商家附近抗議。

2月21日

14：00 消基會就「博士的家」受災向板橋地院提出全國首樁團體訴訟。除財損、死傷賠償逾五億外，加上三倍懲罰性違約金，求償二十億。

2月24日

15：30 透過立委李文忠的協助與安排，再度前往土城看守所面會建商林義信等，尋求突破協商瓶頸方案。林義信等表示，有誠意解決問題，但必須所有受災戶及繼承人均一起參與和解。

2月29日

16：00 會同楊正華律師前往民安國小與「博士的家」受災戶討論和解方案，意見分歧。但有初步共識，由法制室將所有意見彙整、分析，整理出三個方案後，再擇期討論。

3月14日

14：00 會同楊正華律師前往民安國小，再與「博士的家」受災戶討論和解方案，受災戶代表原則上接受以三個方案，作為與建商談判的基礎。但就是否原地重建，仍有重大歧見，C棟的原住戶較傾向接受，非原住戶（即不住在「博士的家」，因繼承取得權利者，計十七戶）則堅決反對。

3月20日

11：00

在法制室與建商代表協談，是否可能將不參與重建的十七戶切割處理，未獲同意。

5月22日

22：00

第十五次協商達成初步和解共識，死亡每人五百八十萬，重傷六十萬；建物倒塌的C棟，由建商依原價七折買回；受損的AB棟則以每坪六萬餘原址重建；而隔鄰受損的五樓公寓，以每坪四萬七千元拆除重建，合計二億九千萬元。重建期間，並補貼租金二十四個月每戶一萬元。連同汽車毀損等，約六億元。付款方式授權律師代表協商確定。

5月23日

11：00

建商代表表示不動產均被假扣押，可否協助向受災戶轉達解除假扣押，以利和解賠償。本人表示有困難，但願協助尋求銀行履約保證。

5月26日

10：00

舉行刑事最後辯論庭。本人出庭表示雙方已達成和解，但尚未簽下履約保證契約書，建議延緩審理程序，給建商十天時間籌得賠償金，兩造律師也有此共識。但不被接受，定於本月二十八日言辯終結。

6月2日

19：00　會同楊正華律師前往民安國小，再與反對重建的非原住戶協談。非原住戶一開始不瞭解楊律師的苦心，頗多攻訐言論。經楊律師苦口婆心說明，並聲淚俱下懇求大家放下，終於在凌晨一時多撼動非原住戶的堅持。

6月12日

15：00　法院刑事庭宣判，林義信等交保。

7月6日

11：00　建商透過律師轉達當初協議金額太高，希望縣府再開協調。

15：00　楊律師來電表示，受災戶說建商私下個別與受災戶協調，有可能想各個擊破。

9月10日

09：00　建商並未依五月二十二日協議於三個月內付款，受災戶再度走上街頭抗議。

22：30　建商承諾本周內會徹底解決。

9月18日

16：30　楊律師、消基會、受災戶代表四十餘人與建商及其律師等十餘人，於法

20：00　制室會議室進行九二一周年前最後一次協商。

建商表示上次協談金額太高，無法支付，希望死亡降低為五百萬，不被受災戶接受。

21：00　受災戶表示如真有困難，五百五十萬是最低限度。

22：00　本人將雙方隔離不同會議室，消基會、楊律師與受災戶談。本人與建商談。

23：00　建商仍提出五百萬的要求，本人表示五百二十萬，可以負責說服受災戶，請林義信慎重考慮，就差一些，不要功敗垂成。建商表示確實已山窮水盡。本人問有無可幫忙的友人，林義信提供一政治人物姓名，本人當及電洽該人，被回絕。

23：10　消基會董事長謝天仁不滿建商態度消極，率消基會律師退席抗議；本人與楊律師認還有空間，苦勸受災戶留下，希望不要放棄最後可能。於建商自行討論空檔，與受災戶閒話近況與未來。

23：20　受災最嚴重的蔡麗香為早日讓大家脫離苦海，重新開始，首先表示願意接受微調，其他受災戶也陸續正面回應。經傳達予建商，並希望勿堅持五百萬，經首肯五百一十萬。

23：30　受災戶討論後雖極度不滿，但都勉強接受。

9月19日

00：00 開始就分配與細節部分進行磋商。

02：47 雙方達成和解，第一階段，先賠償死亡者每位五百一十萬，傷者依輕重分別為五萬至二百萬不等，第二階段於一個月後再就財產損失協商。建商當場交付合計一億八千萬的台銀本票四張，由本人暫行保管，不足部分於簽訂和解書前補齊，並同意於九二一周年當日正式簽和解書後轉交消基會分配、處理。

03：00 因身懷鉅款，為免危險，乃電洽海山分局派兩位武裝員警前來護送本人回家。

9月21日

09：00 偕同建商林義信等至「博士的家」亡者靈堂前上香，建商等並下跪向家屬致歉。

11：00 本人與楊律師仍就最後和解事宜分別與受災戶、消基會及建商、律師代表磋商。

11：30 林義信友人送來調度支應的票款，與二十日交付的，合計為二億四千四百三十萬的台銀本票二十張。

11：45 在蘇貞昌縣長見證下，受災戶與建商代表簽訂和解書，本人將二億多的台支交予消基會。第一階段和解事宜圓滿落幕。

（註：九月二十四日前內政部部長張博雅來電，徵詢是否有意願到內政部服務；十月十六日本人即商調內政部民政司司長。故未參與後續第二階段協商，記錄就此結束）

文官說法
臺灣地方制度講古

作者：劉文仕
主編：曾淑正
企劃：叢昌瑜
內頁設計：Zero
封面設計：邱銳致

發行人：王榮文
出版發行：遠流出版事業股份有限公司
地址：台北市南昌路二段八十一號六樓
郵撥：0189456-1
電話：（02）23926899
傳真：（02）23926658

著作權顧問：蕭雄淋律師
二〇一七年九月一日　初版一刷
售價：新台幣三六〇元

ISBN 978-957-32-8057-6（平裝）
YLib 遠流博識網 http://www.ylib.com
E-mail: ylib@ylib.com

國家圖書館出版品預行編目（CIP）資料

文官說法：臺灣地方制度講古 / 劉文仕著. --
初版 -- 臺北市：遠流, 2017.09
面；　公分
ISBN 978-957-32-8057-6（平裝）

1. 地方自治　2. 地方政治　3. 公務人員　4. 臺灣

575.33　　106013826